Jen Sincero

Du bist der Hammer!

JEN SINCERO

AUS DEM AMERIKANISCHEN
VON ELISABETH SCHMALEN

Bibliografische Information der Deutschen Bibliothek
Die Deutsche Bibliothek verzeichnet diese Publikation in der Deutschen Nationalbibliografie; detaillierte bibliografische Daten sind im Internet unter http://dnb.de abrufbar.

Penguin Random House Verlagsgruppe FSC® N001967

Aus dem Amerikanischen von Elisabeth Schmalen

Redaktion: Caroline Kaum macht Programm, München
Umschlaggestaltung: Weiss Werkstatt, München
Satz: Satzwerk Huber, Germering
Druck und Bindung: CPI books GmbH, Leck
Printed in Germany
ISBN: 978-3-424-20265-6

Für Mutter Erde

Inhalt

Einleitung 9

Kapitel 1 – Eine Frage des Selbstbilds 19

Kapitel 2 – Gesunde Grenzen:
Die stillen, starken Helden deiner
Erfolgsgeschichte 51

Kapitel 3 – Die Verwandlung in das neue Ich . . . 99

Kapitel 4 – In 21 Tagen zur Hammergewohnheit 121

Kapitel 5 – Vom Wagnis, du selbst zu sein 231

Dank 239

Einleitung

Als ich beschloss, ein Buch über Gewohnheiten zu schreiben, kam mir das Thema wie der logische Nachfolger meiner bisherigen Bücher vor. Im ersten von ihnen, *Du bist der Hammer*, hatte ich diese kleine Weisheit formuliert: »Unsere Gedanken werden zu Worten, die Worte zu Gewissheiten, die Gewissheiten zu Gewohnheiten, die Gewohnheiten zur Realität.« Die Gewohnheiten waren der einzige Teil der Gleichung, mit dem ich mich noch nicht eingehend befasst hatte, und ich konnte es kaum erwarten, mir das Thema vorzunehmen – zumindest bis sich ein Selbstgespräch schwer auf meine Brust setzte:

Ich: Gewohnheiten! Klar! Nichts prägt unser Leben mehr! Das Buch wird ein Knaller.

Ich, mit einer Riesenportion Zwiebelringe in der Hand, wenige Tage nachdem ich frittiertem Essen abgeschworen hatte: Schreiben wir dann darüber, wie man sich im Fitnessstudio anmeldet und am Ende doch nie hingeht? Oder darüber, wie man einfach nicht damit aufhören kann, ständig zu fluchen? Denn darüber gäbe es sicher so einiges zu erzählen.

Ich: O mein Gott, es ist unglaublich! Ich habe echt üble Gewohnheiten. Wie bin ich überhaupt auf den Gedanken gekommen, so ein Buch zu schreiben? Ich habe ungefähr so viel Selbstdisziplin wie eine Dreijährige.

Und schon zählte ich mir auf, warum ich unqualifiziert, unfähig und nicht berechtigt war, dieses Buch zu schreiben. Ich sah bereits vor mir, wie ich meinen hart erarbeiteten Ruf ruinierte, meine Leser vor den Kopf stieß und dem Verlag den Vorschuss zurückzahlen müsste. Doch dann erkannte ich: *Ach, schau mal, du gehst gerade einer deiner Lieblingsgewohnheiten nach – einer der unschönsten menschlichen Gewohnheiten überhaupt: nur das Negative zu sehen. Du könntest ja auch erwähnen, dass du seit zwei Jahrzehnten nicht mehr an einer Zigarette gezogen hast, obwohl dir das Rauchen lange mehr bedeutete als die meisten Menschen auf der Welt es je taten, oder dass du herausragend gut darin bist, regelmäßig Zahnseide zu benutzen, Wasser zu trinken, Dankbarkeit zu zeigen, zu schreiben, dein Bett zu machen, zu meditieren und pünktlich zu sein. Außerdem würdest du dir jederzeit einen Rucksack schnappen und eine Bergwanderung machen, anstatt in einem muffigen Fitnessstudio herumzuhängen. Nur wenn es um Fluchen und frittiertes Essen geht, ist eben noch Luft nach oben.*

Ich erwähne das hier für den Fall, dass auch du skeptisch bist, was dein Durchhaltevermögen in Sachen Gewohnheiten angeht – als Erinnerung daran, dass niemand perfekt ist. Daran, dass wir trotzdem alles erreichen können, was wir uns wirklich vornehmen (auch die Dinge, die wir uns in der Vergangenheit nur pseudo-fest vorgenommen haben). Und daran, dass wir alle dazu neigen, unser Licht unter den Scheffel zu stellen und nur auf die Momente unseres Scheiterns zu schauen, anstatt unsere Siege zu feiern. Selbst Menschen, die unendlich erfolgreich sind, geben zu, dass sie hin und wieder von negativen Gefühlen und Versagensängsten geplagt werden. Ich habe schon mehrere von ihnen sagen hören, dass sie gelegentlich vergessen, wie sehr sie für ihre Arbeit brennen, dass sie den tosenden Applaus und die enthusiastischen Besprechungen ignorieren und stattdessen nur das eine hasserfüllte Stinktier auf Instagram wahrnehmen, das sie für völlig unfähig hält, und ihm auch noch ein Megafon in die Hand drücken, damit es die begeisterten Massen mit seiner Meinung übertönen kann.

Wer das wirkungsvolle, positive Mindset aufbauen und aufrechterhalten will, das nötig ist, um das tägliche Tauziehen mit unseren Gewohnheiten für sich zu entscheiden, muss stets aufmerksam sein und seine Gedanken sofort wieder einfangen, sobald sie Kurs auf die »Alles-ist-furchtbar«-Sackgasse nehmen. Entscheidend ist, seine Einstellung bewusst auf die ureigenen Ziele auszurichten, auf die Vision desjenigen Menschen, der man eigentlich sein möchte. Wenn es also darum geht, schlechte Gewohnheiten loszuwerden und sich stattdessen Verhaltensweisen anzueignen, die einen tatsächlich weiterbringen, ist unser Wille, uns ganz darauf zu konzentrieren, wer wir eigentlich sein wollen, die wichtigste Macht, über die wir verfügen. Und zwar ganz unabhängig davon, wo und wer wir JETZT gerade sind.

Entgegen der weitverbreiteten Ansicht haben Gewohnheiten mehr damit zu tun, wer wir sind, als mit dem, was wir tun.

Einer der Hauptgründe, warum es uns so schwerfällt, uns erwünschte Verhaltensweisen anzugewöhnen oder ungeliebte Gewohnheiten endgültig über Bord zu werfen, ist, dass wir den Blick allein auf unser Tun richten – was durchaus wichtig ist –, es darüber aber verpassen, auch emotional und mental voll und ganz bei der Sache zu sein, was noch wichtiger ist. Sobald nämlich die neue Gewohnheit anstrengend oder langweilig wird (eine Vorliebe der meisten Gewohnheiten, eben weil sie auf ständige Wiederholung ausgelegt sind), geben wir sie auf und wenden uns einfacheren Beschäftigungen zu. Oder unterhaltsameren. Oder solchen, die eine sofortige Belohnung versprechen. Oder denen, die sehr gut schmecken, wenn man Ketchup darauf macht.

Sagen wir einmal, du hast ein ums andere Mal versucht, nicht ständig mehr Geld auszugeben, als du verdienst. Du hast einen gut bezahlten Job, legst brav jeden Monat einen Teil deines Gehalts für die Kreditkartenabrechnung beiseite, überweist eine gewisse Summe auf dein Sparkonto und hast eine genaue Übersicht deiner restlichen Ausgaben angelegt. Doch dann unternimmst du trotz aller Planungen plötzlich doch einen spontanen Kurztrip, entwickelst ein ausgeprägtes Interesse an diesem einen Möbelstück oder ertappst dich dabei, wie du in der Kneipe rufst: »Die nächste Runde geht auf mich!« Ehe du es dich versiehst, herrscht auf deinem Sparkonto plötzlich gähnende Leere, und du musst schon wieder mit Pat vom Inkassobüro verhandeln. Gut möglich, dass du insgeheim Angst davor hast, mit dem Geldausgeben aufzuhören, weil du mit den gekauften Produkten und Erlebnissen ein Loch in deinem Inneren stopfst. Oder du aus einer Familie von »Mit-Geld-um-sich-Werfern« stammst und unterbewusst befürchtest, verurteilt und/oder verstoßen zu werden, wenn du dich der Tradition widersetzt und deine Finanzen in den Griff bekommst. Beim Aneignen guter Gewohnheiten ist es entscheidend, dass du die gesamte Mannschaft – Kopf, Herz und Hände – mit an Bord holst. Sonst ist es wie beim Meditieren schnell wieder vorbei: Die Fingernägel werden doch wieder abgekaut, und deine ruhige, abgeklärte Haltung beim passiv-aggressiven Familientreffen schlägt um in ein entnervtes »Jetzt reicht es mir! *Wahrheit oder Pflicht* mit Tequila – wer ist dabei?«

Meine Hoffnung ist, dass dieses Buch einen frischen Blick auf lang erprobte, gewohnheitsbildende Strategien bietet und dir dabei hilft, diejenigen Hindernisse zu überwinden, an denen du bislang gescheitert bist. Darüber hinaus möchte ich dir den »Gewohnheiten-antrainieren-und-ablegen«-Prozess erleichtern, indem ich diesen ziemlich komplexen Gesamtvorgang in Einzelteile zerlege: in mundgerechte, machbare Übungen, die du dir Tag für Tag vornehmen kannst. Mein Vorschlag ist, dass du einfach loslegst und in der Praxis erkennst, welche Werkzeuge für dich am besten funktionieren, um so durchschlagende und nachhaltige Ergebnisse zu erzielen – Ergebnisse von der Art, die dir bislang vorenthalten geblieben sind. Denn auch wenn es eines meiner Ziele ist, dir Wissen zu vermitteln, treibt mir nichts so sehr die Tränen der Rührung in die Augen wie echter Jubel über einen wahr gewordenen Traum – schließlich bin ich Coachin und keine Wissenschaftlerin. *Siehst du das? Siehst du diesen schwarzen Gürtel, den du dir gerade erkämpft hast? Das ist DEIN Werk. Hier, halt mal kurz die Snacks. Ich muss ein Foto machen.*

Als Erstes werde ich kurz erklären, was Gewohnheiten sind und wie sie funktionieren. Ich möchte dir dabei helfen, dir bewusst zu machen, über welche Gewohnheiten du bereits verfügst (gute, weniger gute und ganz furchtbare), und dabei zu entscheiden, welche du ablegen wirst, was du dir gern angewöhnen würdest und was du an deiner Einstellung verändern musst, damit das alles klappt. Außerdem werde ich dir beibringen, wie man unmissverständlich Grenzen setzt, damit du deinem Umfeld – und dir selbst – deutlich machen kannst, dass du deine Bedürfnisse von nun an ernst nimmst, dass du dir den – emotionalen und konkreten – Raum verschaffst, dich frei entfalten zu können, und dass dieses »Erfolgreich-Grenzen-setzen«-Ding durchaus eine Gewohnheit ist, die du dir auf Dauer zugelegt hast (was bei denen, die dadurch in die zweite Reihe gedrängt werden, möglicherweise empörtes Protestgeschrei auslöst).

Sobald dein Herz und dein Kopf an Bord sind, helfe ich dir, eine klar formulierte Gewohnheit auszuwählen, der wir uns den Rest des Buches über widmen. Dort erwartet dich ein erprobtes, 21 Punkte umfassendes Step-by-Step-Coaching, das entweder eine neue Gewohnheit in dir verankert oder eine alte nachhaltig aus deinem Leben kickt – je nachdem, was du anstrebst. Im Idealfall arbeitest du es Tag für Tag und über drei Wochen hinweg ab, um das Monster der Überforderung in Schach zu halten, der neuen Gewohnheit die nötige Zeit zu geben, um Wurzeln zu schlagen, und den ganzen Prozess so abwechslungsreich wie möglich zu gestalten. Das Buch ist also als eine interaktive Erfahrung angelegt. Ich will, dass du sofort in Aktion trittst und schon *beim Lesen* der Mensch wirst, den du in deinen Träumen vor dir siehst, anstatt dass die Lektüre dich einfach nur zu jemandem macht, der sehr viel mehr darüber weiß, was Gewohnheiten sind. Oder der sich mit den wissenschaftlichen Erkenntnissen zur Funktionsweise von Gewohnheiten auskennt. Oder der weiß, wie es sich anfühlt, mit einem Buch über Gewohnheiten auf dem Gesicht einzuschlafen.

Bitte besorge dir ein neues Notizbuch, das du ausschließlich für dieses Vorhaben verwendest (keine Einkaufslisten!), damit der tiefgreifende Prozess, auf den du dich einlässt, mit einem unbeschriebenen Blatt beginnt und du dich auf das aufregende Leben konzentrieren kannst, das vor dir liegt – anstatt dir die Zuversicht von sichtbaren Misserfolgen der Vergangenheit verderben zu lassen. Der Mensch zu werden, der du so gern wärst, ist für dich nicht nur machbar, sondern dir vorherbestimmt. Es ist dein Schicksal, diese bessere Version deiner selbst in die Realität zu überführen, denn ansonsten würdest du gar nicht erst den Wunsch danach in dir verspüren und hättest dir ganz sicher nicht dieses Buch zugelegt. Vertraue darauf, dass jeder neue Tag unendliche Möglichkeiten birgt, und denke immer daran:

Du verfügst in jedem Augenblick über die Fähigkeit, Entscheidungen zu treffen, die deine Gewohnheiten und dein Leben komplett auf den Kopf stellen – unmittelbar oder mit der Zeit.

Große, lebensverändernde Entscheidungen zu treffen ist nichts als eine Gewohnheit – eine Gewohnheit, die du dir gerade aneignest.

Vom Faultier zum Fitness-Fan: Julie (60)

Meine Ärztin erklärte mir, dass ich auf dem besten Wege sei, Diabetikerin zu werden. Ich müsse dringend abnehmen und mich mehr bewegen. Da ich es wenig verlockend fand, dauerhaft Medikamente zu nehmen, und selbst nicht der größte Fan davon war, locker fünf bis acht Kilo zu viel auf den Hüften zu haben, beschloss ich, dass ich es von nun an schaffen würde, jeden Morgen vor der Arbeit mindestens 15 Minuten lang Übungen auf einer Matte im Wohnzimmer zu machen – komme, was wolle. Wie schwer kann es schon sein, wenn es um die eigene Gesundheit geht?

Ich fand ein tolles Fitnessprogramm im Internet, eine Kombination aus Yoga, Ausdauertraining, Dehn- und Kraftübungen. Jeden Morgen holte ich die Yogamatte aus dem Schrank und stellte fest, dass ich nach dem ersten Dehnen und einigen grundlegenden Yogaposen wach genug war, um noch ein bisschen mehr zu machen. Ich absolvierte ein einfaches Krafttraining, das so aufgebaut war, dass ich mein eigenes Körpergewicht einsetzte, und dachte: Puh, wenn ich etwas leichter wäre, würde es mir nicht so schwerfallen, meinen Hintern in die Höhe zu stemmen!

Aus drei Liegestützen wurden erst fünf, dann zehn, und heute dauert mein tägliches Training insgesamt 30 Minuten. Sobald ich einmal angefangen hatte, ging es mir besser.

Die Freude über die kleinen Siege erleichtert uns den Weg in Richtung Ziel.

Ich spürte, wie ich mehr Kraft bekam. Das motivierte mich, und heute macht es mir Spaß, an mindestens fünf Tagen pro Woche mein Programm zu absolvieren.

Parallel dazu nahm ich an einem Onlinekurs für gesunde Ernährung teil, in dem ich viel über die psychologischen Hintergründe meines Essverhaltens erfuhr und lernte, meine lebenslangen Gewohnheiten zu ändern. Das öffnete mir die Augen. »Achtloses« Essen oder »achtsames« Essen – der Unterschied war enorm. Ich lernte, das, was ich aß, wirklich wahrzunehmen, statt es mir vor dem Fernseher reinzuschieben, und mir zwischen den einzelnen Bissen Zeit zu lassen und sie zu genießen, statt alles hinunterzuschlingen. Außerdem begann ich, auf mein Hungergefühl zu achten. Wenn ich etwas essen wollte, stellte ich mir die Frage: *Bin ich wirklich hungrig oder nur gelangweilt, gestresst, traurig oder aufgebracht?* Ein weiterer Tipp war, nicht abzuwarten, bis ich völlig ausgehungert war, weil ich mir dann einfach irgendetwas aus dem Süßigkeiten-Automaten holte oder mich an den Donuts vergriff, die aus der Vormittagskonferenz übrig geblieben waren. Stattdessen lernte ich andere Verhaltensweisen und Tricks, etwa immer einen gesunden, leckeren Snack griffbereit zu haben, sowohl bei der Arbeit als auch zu Hause. Beim Restaurantbesuch hilft es, vorab einen Blick auf die Speisekarte im Internet zu werfen, sich schon zu entscheiden und dann auch bei dieser Wahl zu bleiben. Denn ansonsten sieht man, was alle anderen bestellen, und sprengt jede Kalorienvorgabe.

Meine andere große Verhaltensveränderung bestand darin, dass ich von jetzt an genau aufschrieb, was ich zu mir nahm, um achtsamer zu essen. Und ich wog mich jeden Tag. Das klingt furchtbar, aber es wirkte. Ich mache es jetzt seit zwei Jahren und habe in dieser Zeit sieben Kilo abgenommen (langsam, aber stetig) und – noch wichtiger – mein Gewicht gehalten. Das ist die Methode, die bei mir funktioniert. Natürlich gibt es Tage, an denen ich viel mehr Kalorien zu mir nehme als vorgesehen, aber darüber rege ich mich nicht weiter auf. Ich gleiche es einfach am nächsten Tag wieder aus. Glaube mir, ich esse sehr gern. Und ich esse weiterhin, worauf ich Lust habe. Ich achte nur auf die Menge und gebe mir immer Mühe, nicht achtlos, sondern achtsam zu essen.

Kapitel 1

Eine Frage des Selbstbilds

Vor einigen Jahren waren mein Bruder Steve und seine Frau Jenny bei mir zu Besuch, während der Fiesta de Santa Fe, einem historischen Festtag, der jedes Jahr im Herbst Tausende Menschen in meine Heimatstadt in New Mexico lockt. Wir nahmen an keiner der Veranstaltungen teil, drängten uns aber auf dem Weg in die Innenstadt durch Massen von feiernden Menschen, da wir uns ein paar Margaritas gönnen wollten. Der Hin- und Rückweg nahmen je ungefähr eine Dreiviertelstunde in Anspruch, und so standen wir nach einem gemütlichen Cocktail-Nachmittag passend zum Sonnenuntergang wieder bei mir vor der Haustür. Während sich der Himmel langsam rot verfärbte, blieben wir noch kurz draußen stehen und plauderten miteinander, fröhlich-beschwingt durch den Tequila und zufrieden mit uns selbst, weil wir die ganze Strecke zu Fuß gelaufen waren. Da griff sich Jenny plötzlich mit beiden Händen an den Hals, als schnüre ihr etwas die Luft ab. Zu ihrem Entsetzen war ihr auf einmal bewusst geworden, dass sich ihr Diamantenanhänger irgendwo unterwegs von ihrer Halskette gelöst haben musste und nun weg war.

Mein Bruder trat umgehend in Aktion. »Ich gehe unseren Weg noch einmal ab«, sagte er, seinen Blick bereits suchend auf den Boden unter Jennys Füßen gerichtet, bevor er sich umdrehte und langsam und konzentriert zum Ende der Einfahrt zurücklief. Ich setzte zum Protest an, weil es innerhalb weniger Minuten dunkel sein würde. Was für ein verrückter Gedanke, zu glauben, dass er das winzige Schmuckstück inmitten der Menschenmassen in dem Meer von Herbstlaub aufspüren könne! Aber Jenny wandte sich mir zu und sagte: »Lass ihn. Er hat ein seltsames Talent dafür, glänzende Gegenstände zu finden. In dieser Hinsicht gleicht er einer Elster.« Also blieben wir stehen und sahen Steve nach, der die Straße hinunter zurück Richtung Innenstadt lief, in der Hand sein Smartphone, das ihm als Taschenlampe diente, und in der Brust den Kitzel der Herausforderung.

Jenny und ich setzten uns ins Auto und machten uns auf den Weg zurück zur Bar, um nachzusehen, ob der Anhänger womöglich dort irgendwo auf dem Boden lag. Unterwegs fuhren wir an Steve vorbei, der nur kurz seine freie Hand hob und uns zuwinkte, als er uns hupen und rufen hörte. Er war nicht bereit, den Blick auch nur für eine Sekunde vom Boden zu lösen. Nachdem wir ungefähr zehn Minuten lang vergeblich versucht hatten, im überfüllten Stadtzentrum einen Parkplatz zu finden, war ich kurz davor, aufzugeben und wieder nach Hause zu fahren. In dem Moment ging eine Textnachricht meines Bruders ein: »Gefunden!« Ich schrieb zurück: »Ich kann es nicht fassen«, woraufhin er uns ein Beweisfoto schickte: Darauf stand Steve mitten auf der Straße, die Arme um zwei Touristen gelegt, die er vorher bequatscht hatte, mit ihm zu posieren. Jennys Anhänger blitzte zwischen seinen Zähnen. Später erfuhr ich, dass irgendwer das Schmuckstück wohl unbemerkt vom Gehweg in eine Hauseinfahrt gekickt hatte, Steve es aber trotzdem aufspüren konnte. Mir fiel regelrecht die Kinnlade herunter, ich bekam den Mund gar nicht wieder zu, doch Jenny schüttelte nur den Kopf und sagte: »Sag ich doch, wie eine Elster. So läuft das ständig bei ihm.«

Steve war früher als Sortierer im Diamantenhandel tätig. Er hatte seine Tage damit verbracht, in einem Raum namens »Grube« zusammen mit einer Reihe anderer Fachleute große Haufen winziger Diamanten nach Farbe, Schliff und Karat (den drei Cs, wie es auf Englisch heißt) zu sortieren, indem er jeden von ihnen mithilfe einer Pinzette gegen das Licht hielt und durch eine Lupe in Augenschein nahm. Dabei kam es durchaus vor, dass das begutachtete Diamant-Steinchen quer durch den Raum flog, wenn man die Pinzette versehentlich zu fest zusammendrückte, und – *ploink!* – irgendwo auf dem nicht unbedingt makellos sauberen Linoleumboden, in einem Regal oder auch in einem fremden Haarschopf landete. Niemand kann sagen, wie viele Edelsteine im Verlauf der Jahre in der »Grube« verloren gingen. Sie wieder aufzuspüren, glich einer niemals enden wollenden Ostereisuche, der sich Steve in den zwei Jahren, die er dort arbeitete, jedes Mal begeistert hingab, sobald er eine Pause machte und seine Pinzette zur Seite legte.

So kam es, dass er im Keller eines Diamanten-Großhändlers in der 47. Straße in New York City zum Schutzheiligen aller verschwundenen Glitzerdinge wurde. Die beeindruckende Liste seiner Erfolge umfasste einen Diamantenohrring, den er auf dem Boden eines gut besuchten Bistros ausfindig machte, ein Brillantarmband, das er neben einem Geldautomaten entdeckte, zahllose Münzen, Ketten, Schlüssel, Uhren und Edelsteine und eine drei Monate zuvor verschwundene Kette von Jenny (der Schutzheiligen der kaputten Verschlüsse), die er eines Morgens auf dem Weg zum Bahnhof ganz oben auf einem Schneehaufen fand.

Bevor Steve begann im Diamantenhandel zu arbeiten, hatte er seine Aufmerksamkeit nie auf kleine Glitzerdinge gerichtet, die womöglich verloren gegangen waren. Doch dank dieses Jobs wurde es ihm zur Gewohnheit, die Augen immer offen zu halten – bewusst und unbewusst.

Gewohnheiten: Selbstläufer. Automatisierte Reaktionen oder Verhaltensweisen. Reflexe. Ansichten, Gedanken und Handlungen, die wir nicht steuern müssen.

Hier sind einige der wichtigsten Aspekte, die beim Antrainieren von Gewohnheiten eine Rolle spielen:

1. **Der Auslöser**

   Jedes Mal, wenn Steve bei der Arbeit eine Pause einlegte, weckte das automatisch den Drang in ihm, den Raum nach verlorenen Diamanten abzusuchen. Auslöser sind Hinweise an das Gehirn, dass es an der Zeit ist, eine Gewohnheit auszuüben. Mögliche Auslöser sind Geräusche (der Klang des Weckers löst aus, dass wir aufwachen und aufstehen), Handlungen (der letzte Bissen einer Mahlzeit löst aus, dass wir uns eine Zigarette anzünden wollen), bestimmte Gedanken (*Es ist vier Uhr, ich sollte wohl mal den Hund füttern*), äußerliche Empfindungen (wenn die Temperatur sinkt, reiben wir uns die Oberarme, um uns aufzuwärmen), Gerüche (wenn es nach Grillfleisch riecht, schauen wir kurz bei den Nachbarn vorbei – *oh, ich wusste ja nicht, dass ihr gerade essen wolltet, dann passt es jetzt wohl eher nicht so gut?*), Anblicke (wenn wir einen uns bekannten Menschen auf der Straße sehen, löst das in uns den Impuls aus, Hallo zu sagen) oder Emotionen (wenn wir traurig sind, essen wir Kuchen). Auslöser bewirken eine Kettenreaktion, die in der Ausführung der Gewohnheit endet. Die Abfolge sieht ungefähr so aus:

2. Die Abfolge

Unser Körper ist darauf spezialisiert, Probleme zu lösen. Er rennt ständig mit dem Klemmbrett herum und stellt sicher, dass alles so effizient und produktiv wie möglich funktioniert: Er befördert das Blut dorthin, wo es am nötigsten gebraucht wird, zersetzt unsere Nahrung, heilt gebrochene Knochen und kaputte Haut, sorgt dafür, dass Haare und Zehennägel wachsen, bekämpft Krankheitserreger und stößt einen ganzen Schwall Tränen und Flüche aus, wenn uns das Handy versehentlich ins Klo fällt. Gewohnheiten sind das bevorzugte Mittel des Körpers, dem Gehirn einen Teil der Last zu nehmen: Problemlösung auf Autopilot, damit genügend Kapazitäten da sind, um weitere Informationen aufzunehmen und Aufgaben zu bewältigen. Gewohnheiten durchlaufen eine bestimmte Abfolge, beginnend mit dem Auslöser (ich setze mich ins Auto), der auf ein Bedürfnis aufmerksam macht (ich will nicht sterben), was wiederum zu einer gewohnheitsmäßigen Handlung oder Reaktion führt (ich schnalle mich an), die eine Belohnung mit sich bringt (ich fühle mich sicher und behütet). Hier sind ein paar weitere Beispiele:

Auslöser: Der Hund kommt ins Zimmer.
Bedürfnis: Du willst zeigen, wie wahnsinnig süß du ihn findest.
Gewohnheit/Reaktion: Kuscheln, küssen, idiotisches Verhalten.
Belohnung: Du bist glücklich.

Auslöser: Du fährst nach der Arbeit nach Hause.
Bedürfnis: Du willst ein langes, gesundes Leben führen.
Gewohnheit/Reaktion: Du machst einen Zwischenstopp am Fitnessstudio und treibst 45 Minuten Sport.
Belohnung: Du fühlst dich fitter und hast das Gefühl, etwas geleistet zu haben.

Auslöser: Der Scheidungsanwalt ruft an.
Bedürfnis: Du willst es vermeiden, Teller an die Wand zu werfen.

Gewohnheit/Reaktion: Du läufst die ganze Zeit im Kreis und wickelst dir eine Haarsträhne um den Finger.
Belohnung: Es beruhigt dich.

All das sind Beispiele dafür, wie Auslöser Gewohnheiten in Gang setzen, aber genauso gut können wir sie nutzen, um schlechte Angewohnheiten loszuwerden – wie das geht, zeige ich dir später im Buch.

3. Das Prinzip der Wiederholung

Du kannst dir dein Gehirn wie einen Dschungel voller Bilder, Ideen und Emotionen vorstellen, die sich immer stärker ineinander verschlingen und miteinander verwachsen, je mehr Informationen wir im Lauf unseres Lebens aufnehmen. Male dir nun aus, dass sämtliche deiner Denkmuster, Reflexe und Überzeugungen, wie etwas zu sein hat, klar erkennbare Pfade durch den Dschungel in deinem Kopf geschlagen haben. Pfade, die du jeden Tag gehst, mit einem fröhlichen Lied auf den Lippen, ohne auf den Weg achten zu müssen. Wenn du nun beschließt, etwas zu verändern – *Hey, von jetzt an bin ich nicht mehr der faule, unsportliche Mensch, der seinen Müll überall liegen lässt, sondern reiße mich zusammen und eigne mir neue Gewohnheiten an* –, ist die Wiederholung die Axt, mit der du die Schlingpflanzen durchtrennst, Baumstämme aus dem Weg räumst und dir einen neuen Weg durch den Dschungel bahnst.

Die Wiederholung einer neuen Gewohnheit ist anfangs ziemlich mühsam – körperlich und mental –, aber nach dem 300. Mal sind uns die Tonleitern auf dem Klavier, mit denen wir uns zu Beginn so schwertaten, in Fleisch und Blut übergegangen. Da wir uns seit Jahrzehnten täglich die Schuhe schnüren, denken wir gar nicht mehr darüber nach, wie man eine Schleife bindet, und auch der Spruch *Das ist ja wunderbärchen* kommt uns völlig unbewusst über die Lippen, nachdem wir uns unser Leben lang darüber lustig gemacht haben, wenn unsere Oma es sagte. Ich zum Beispiel bin so sehr daran gewöhnt, jeden Morgen, wenn ich im Auto sitze, meine Mutter anzurufen und sie zu fragen, wie es ihr geht, dass ich es einmal versucht habe, als sie gerade bei mir zu Besuch war und direkt neben mir saß.

Wenn wir etwas häufig genug wiederholen, schaffen wir neue Pfade im Gehirn, bis unsere Gewohnheiten mühelos und automatisch ablaufen und wir uns keinerlei Gedanken mehr darüber machen müssen.

Nimm dir die Zeit, kurz zu überlegen, was dir einst Probleme bereitet hat, heute aber zur Gewohnheit geworden ist: das Handy zu benutzen, dich zu rasieren, ein bestimmter Schlag beim Tennis, Auto zu fahren, deine Nachbarin Sarah auf ihren Wunsch hin nur noch »Wüstenblume« zu nennen … Es ist kaum möglich, sich im Rückblick an all die kleinen Details zu erinnern, auf die man beim Antrainieren dieser »Verhaltensweise-die-jetzt-eine-Gewohnheit-ist« achten musste, weil sich die Verdrahtung des Gehirns durch die Wiederholung buchstäblich verändert hat.

4. Der bequeme Zugang

Je leichter etwas zugänglich ist, desto wahrscheinlicher ist es, dass wir es machen – das ist keine große Überraschung. Es gilt für die Gewohnheiten, die wir anstreben, die Gewohnheiten, die wir loswerden wollen, und die Gewohnheiten, derer wir uns noch nicht einmal bewusst sind (und glaub' mir, das sind erschreckend viele – danke, Mom und Dad!). Mein Bruder hat es nicht darauf angelegt, der Typ zu werden, der Glitzerkram findet, den die meisten Menschen übersehen. Er hat diese Gewohnheit entwickelt, weil es sich so ergab, weil es ihm Spaß machte und weil alle in seinem Umfeld es taten. Er wiederholte die Tätigkeit des Suchens immer wieder, Tag für Tag, und war begeistert, wenn ihm ein guter Fund gelang. Damit befolgte Steve ganz unwissentlich die goldene Regel der Gewohnheit: Je leichter (bzw. bei unerwünschten Gewohnheiten je schwerer) man es sich macht, eine Tätigkeit auszuüben, desto eher hat man Erfolg.

Deshalb führt es häufig zu den besten Ergebnissen, neue Gewohnheiten frühmorgens anzugehen: Es ist leichter, etwas zu schaffen, bevor die Ablenkungen des Tages uns in Beschlag nehmen. Das erklärt auch, warum es so eine große Rolle spielt, mit wem und womit du dich umgibst: Es ist einfacher, auf Limonade zu verzichten, wenn die Menschen in deinem Umfeld ebenfalls keine trinken und du nie welche im Haus hast. Es ist einfacher, zum Yoga zu gehen, wenn sich das Studio gleich am Ende der Straße befindet. Es ist einfacher, Erfolg zu haben, wenn du deine Zeit mit inspirierenden, erfolgreichen Menschen verbringst. Es ist einfacher, weniger fernzusehen, wenn das TV-Gerät in der Garage steht. Es ist einfacher, die Ehe kritisch zu sehen, wenn man von geschiedenen, unglücklichen Menschen großgezogen wurde. Es ist einfacher, Fisch zum Frühstück okay zu finden, wenn man in Japan lebt.

5. Geduld

Die meisten Gewohnheiten schneiden bedauerlicherweise schlecht ab, was den unmittelbaren Belohnungseffekt betrifft. Mit Ausnahme von Tätigkeiten wie duschen (direkter Erfolg: ein sauberer und erfrischter Körper), das Bett machen (*Wow, mein Zimmer wirkt plötzlich so aufgeräumt!*) oder frühstücken (Kein Hunger mehr!) dauert es eine Weile, bis Gewohnheiten die erwünschten Resultate zeigen, was es so schwierig macht durchzuhalten, denn wir Menschen lieben sofortige Ergebnisse. Wer Linsen isst statt Eiscreme, senkt dadurch – hoffentlich – auf Dauer seinen

Cholesterinspiegel. Tägliches Krafttraining erzeugt irgendwann vielleicht einen flachen Bauch oder das sichtbare Anschwellen eines Muskels. Eine halbe Stunde Meditation am Tag beschert uns eines Tages wahrscheinlich innere Ruhe und mehr Fokus, führt aber zunächst und womöglich jahrelang vor allem zu der Frage, was das Ganze eigentlich soll. Das macht es so wichtig, sich darüber zu freuen, dass man den Hintern überhaupt hochgekriegt hat. Deswegen ist es entscheidend, sich immer auch die bisherige Entwicklung bewusst zu machen, und äußerst ermutigend, auf die kleinen Siege und Erfolge zu achten (*Nach dem fünfzigsten Sit-up wünschte ich, ich wäre tot, aber früher war das schon nach dem dreißigsten der Fall – hurra!*).

Sich eine Gewohnheit anzueignen, ist wie einen riesigen Haufen Kieselsteine von einem Ort zum anderen zu verfrachten, Stein für Stein: Man fängt an einer Stelle an, optimiert die Bewegungsabläufe, es wird mit jedem Mal einfacher und einfacher, und irgendwann hat man tatsächlich einen neuen Haufen Steine vor sich. Zwischendurch sind die Fortschritte jedoch häufig kaum spürbar.

Im weiteren Verlauf des Buches findest du ein paar Tipps, die dir dabei helfen, dich in Geduld zu üben und am Ball zu bleiben, wenn die Gewohnheit sich viel Zeit lässt, bevor sie endlich greift, aber jetzt soll es erst einmal um den wichtigsten Aspekt gehen, den es beim Antrainieren neuer Gewohnheiten – und eigentlich bei jeder wichtigen Veränderung im Leben – zu beachten gilt:

Passe dein Selbstbild den angestrebten Gewohnheiten an.

6. Selbstbild

Studien haben ergeben, dass fast die Hälfte aller Handlungen, die wir täglich durchführen, Gewohnheiten sind: die Tasse Kaffee am Morgen, beten, schief sitzen, lästern, mit vollem Mund reden, glitzernde Gegenstände auf dem Boden suchen etc. Aber unsere Gewohnheiten steuern viel mehr als nur unsere Verhaltensweisen. Auch unsere Überzeugungen, Gedanken und Worte beruhen auf Gewohnheiten – Gewohnheiten, die die Wahrnehmung unserer Umwelt, unser Selbstbild und ja, auch unser Handeln beeinflussen.

Einer der Hauptgründe, warum es uns nicht gelingt, uns gute Gewohnheiten zuzulegen und schlechte loszuwerden, ist, dass wir unsere Aufmerksamkeit auf das richten, was wir tun (oder nicht tun), ohne gleichzeitig sicherzustellen, dass wir diese neue Gewohnheit auch als neuen und wertvollen Teil unserer selbst begreifen. Wenn du beispielsweise beschließt, 15 Kilo abzunehmen, solltest du am besten nicht nur darauf verzichten, ständig Mist in dich hineinzustopfen, deinen Kühlschrank mit gesunden, kalorienarmen Nahrungsmitteln füllen, Sport treiben und dir den Satz *Ist's frittiert, wird's ignoriert* tätowieren lassen, sondern eben auch der Mensch werden, der 15 Kilo weniger wiegt und ausstrahlt: *Ja, genau, das ist mein Körper, das sind meine hervorragenden Essgewohnheiten. Gar kein Problem für mich, so bin ich einfach.* Wenn du dich stattdessen immer als die schwerere Version deiner selbst siehst, die irgendwie auf wundersame Weise 15 Kilo abgenommen hat, kehren die Röllchen wahrscheinlich schnell zurück, weil du dich immer noch als Menschen mit Gewichtsproblemen wahrnimmst. Das ist auch der Grund dafür, warum Lottogewinner häufig irgendwann wieder pleite sind – sie betrachten sich trotz des plötzlichen Vermögens weiter als nicht-reiche Menschen: *Ich? Mit einem ganzen Speicher voller Goldmünzen? Wer hätte das gedacht? Ich warte immer noch darauf, dass mich jemand kneift und ich wieder in meinem normalen Leben aufwache. Diese Menge an Geld kommt mir irreal vor.*

Bei den Anonymen Alkoholikern ist es üblich – neben den Bemühungen, aufs Trinken zu verzichten –, einen weiten Bogen um jede Kneipe zu machen und sich bei seinem Ansprechpartner zu melden, wann immer man in Versuchung gerät. Außerdem identifiziert man sich bei jedem Treffen aktiv mit der Sucht: »Hallo, ich bin Janice, und ich bin abstinente Alkoholikerin.« Die klare Anerkennung der Tatsache, dass man süchtig ist und deshalb nie wieder einen Tropfen Alkohol anrühren kann und wird, macht es deutlich wahrscheinlicher, dass man das gewohnheitsmäßige Trinken wirklich sein lässt, als wenn man sich selbst so präsentiert: »Hallo, ich bin Janice, und obwohl ich immer wieder völlig verkatert und orientierungslos aufwache, komme ich locker damit klar, den einen oder anderen Cocktail zu schlürfen, kein Ding.« Das Selbstbild so anzupassen, dass es die erwünschten Gewohnheiten widerspiegelt, bereitet uns darauf vor, in einer ganz neuen Welt zu leben, denn wir ersparen uns den inneren Kampf à la *Ich mache X, bin aber im Grunde eine Hochstaplerin, daher wird es wohl kaum von Dauer sein, weil ich ja eigentlich ganz anders bin.*

Neue Gewohnheiten zu etablieren, allein indem man sein Verhalten verändert, ohne gleichzeitig auch sein Selbstbild anzupassen, ist wie ein ewiger Lauf gegen den Wind: Ja, es ist möglich, den Kopf zu senken, alles zu geben und eine gewisse Strecke zurückzulegen, aber die Wahrscheinlichkeit, irgendwann doch aufzugeben, ist deutlich höher, als wenn man mit dem Wind laufen würde.

Die Macht darüber, wie wir uns selbst und die Welt sehen, ist deshalb so wichtig, weil es eine Triebkraft gibt, der abgesehen von den höchstentwickelten Menschen jede und jeder von uns täglich zum Opfer fällt: das menschliche Bedürfnis, recht zu haben. Kaum etwas erfreut unser Herz mehr als ein Test, bei dem wir jede Antwort richtig haben, die Entdeckung, dass wir selbst – und nicht die Freundin, die uns eine Stunde hat warten lassen – die verabredete Uhrzeit richtig notiert hatten, die Bestätigung, dass Jill und Rob wie vermutet innerhalb eines Jahres das erste Kind erwarten, der überlegene Wahlsieg unseres bevorzugten Kandidaten oder die Tatsache, dass wir Nirvana schon cool fanden, bevor alle anderen zu dieser Erkenntnis gelangten. Wir bringen einander buchstäblich um, weil wir davon überzeugt sind, dass ein Stück Land uns gehört und nicht den anderen, oder dass diese anderen so handeln, glauben, lieben, aussehen und sich ganz allgemein so verhalten sollten, wie wir es für korrekt halten. Wir sind derart verliebt in die Vorstellung, recht zu haben, dass wir sogar in Gruppen zusammenkommen und Geschichten über die Momente austauschen, in denen wir mit unseren Überzeugungen glorreich ins Schwarze trafen: »Ich hatte Sheila ja gesagt, dass sie ins Wasser fallen würde, wenn sie im Kanu aufsteht. Und was macht sie? Sie steht auf. Und was passiert? Ganz genau.«

Drei kleine Wörter, die jeder Mensch liebend gern hört: Du. Hast. Recht.

Unser Bedürfnis, anderen zu beweisen, dass unsere Einschätzung der Realität zutreffend und korrekt ist, geht weit über die Sehnsucht unseres fragilen Egos nach bloßer Bestätigung hinaus und basiert häufig auf unseren Urtrieben.

Das tief sitzende, skrupellose Verlangen des Menschen danach, recht zu haben, funktioniert nämlich ungefähr so:

- **Menschliches Wesen + recht haben = Ich bin in Sicherheit.** Unterbewusst muss ich wissen, dass X wahr ist, weil es meine Wahrnehmung der Realität geprägt hat. In einer Realität zu leben, auf die ich mich verlassen kann, bedeutet, dass ich mich sicher fühlen kann, obwohl ich auf einer sich drehenden Kugel im unendlichen Weltraum hocke und das einzig Gewisse im Leben mein bevorstehender Tod ist.
- **Menschen haben panische Angst vor Veränderung.** Veränderungen sorgen für die Auflösung des »Bekannten« und rauben uns unser Sicherheitsgefühl. Sie reißen ein noch nie zuvor gesehenes Loch der Möglichkeiten auf, *die eigentlich viel cooler sein könnten als das Altbekannte, an das wir uns klammern – und es oft auch sind.* ABER da Veränderungen Unbekanntes mit sich bringen und eine Bedrohung für unsere bestehende Welt darstellen, lösen sie ein tiefes Unbehagen in uns aus, sodass wir uns alle Mühe geben, sie so weit wie irgendwie möglich von uns fernzuhalten. Selbst die Draufgängerischsten unter uns stoßen irgendwo an ihre Grenzen (auch wenn sie das, äh, nur ungern zugeben). Wenn du jemand bist, der voller Stolz von sich behauptet, ein Riesen-Abenteuerfan zu sein, der immer zu allem bereit ist und jede Veränderung mit offenen Armen begrüßt – jemand vom Typ *Ich liebe Veränderungen so sehr, dass ich sie abends mit ins Bett nehme*

und mich an sie kuschle –, denke noch einmal scharf nach, ob es nicht doch Ausreden gibt, die du gern anführst, wenn dich eine bestimmte Veränderung aus deiner Komfortzone reißen würde. Mach dir darüber hinaus klar, dass es Veränderungen geben könnte, über die du noch nie nachgedacht hast, die dich aber völlig aus der Bahn werfen würden (du verlierst dein gesamtes Geld, dein Haus wird bei einer Überschwemmung weggespült, deine Mutter stellt sich als Serienmörderin heraus). Es ist keine Schande, menschliche Regungen zu zeigen. Und Ängste anzuerkennen, ist die Voraussetzung dafür, sie zu überwinden.
- **Die meisten Menschen fügen sich lieber in das eintönige Vertraute, als etwas Unbekanntes zu wagen.** Es sei denn, das Vertraute wird irgendwann so unerträglich, dass sie bereit sind, den Sprung in den Abgrund der Veränderung zu wagen.

Aufgrund unserer Besessenheit, unbedingt recht haben zu wollen, wenn es um unser Lieblingsthema – uns selbst – geht, verteidigen wir unser Selbstbild mit aller Macht, *selbst wenn wir es gar nicht mögen und nicht stolz darauf sind.* Ich zum Beispiel habe in den Zeiten, in denen ich noch Weltmeisterin im Pleitesein war, ziemlich bockig reagiert, wenn irgendjemand mir Aussichten auf finanziellen Erfolg unterstellte, weil das mein kümmerliches, mir vertrautes Selbstbild in Gefahr brachte: *Was meinst du damit, dass ich ein gutes Einkommen haben könnte, wenn ich an meiner Einstellung arbeiten und mich anders verhalten würde? Ich versuche schon seit 40 JAHREN, mit dem Schreiben Geld zu verdienen, und ich lebe in einer Garage, schneide mir die Haare selbst und schlafe auf einem Futon auf dem*

Boden. Ich bin unfähig, Geld zu verdienen. Glaub mir, mein Leben ist ein einziger Beweis dafür.

Selbst wenn wir uns Veränderungen wünschen, befürchten wir unterbewusst doch, dass sich die Grundpfeiler unserer Welt in Luft auflösen könnten – und mit ihnen auch wir selbst –, wenn wir den Glauben an unsere Erzählungen über uns und unsere Chancen aufgeben. Das klingt etwas überdramatisch, ja, bringt Menschen aber dazu, ihr gesamtes Leben in einem verhassten Job und deprimierenden Beziehungen zu verschwenden und sich grundsätzlich alles zu verwehren, was dazu führen könnte, dass sie morgens freudestrahlend aus dem Bett hüpfen (und sich dabei als Erstes den Zeh stoßen, autsch!).

Wir arbeiten – bewusst oder unbewusst – ständig daran, recht zu haben. Als ich pleite war und in der Garage wohnte, suchte ich ständig nach Beweisen, dass es für mich einfach unmöglich sei, Geld zu verdienen. Ich spuckte vor lauter Abscheu auf den Boden, wenn es darum ging, was für schlimme Dinge manche Menschen taten, um zu Geld zu kommen oder es zu behalten, um mir so immer wieder zu versichern, dass ein Streben nach Wohlstand unmoralisch sei (statt anzuerkennen, dass eine Menge Menschen viel Gutes für und mit Geld bewirken). Ich umgab mich mit anderen »So-gerade-über-die-Runden-Kommern«, die mich mit Informationen darüber versorgten, mit welchen Kreditkarten sich am besten Schulden anhäufen ließen und wo es die besten Schnäppchen gab, und die genauso gern wie ich darüber lästerten und jammerten, wie teuer alles war (statt mit Menschen, die mir einen Tritt in den Hintern verpassten, damit ich endlich über meinen Schatten spränge). Ich war eine wahre Meisterin darin, Räumungsverkäufe, die billigste

Tankstelle der Stadt und Hindernisse, die zwischen mir und meinem Erfolg standen, aufzuspüren – statt tolle, spannende und lukrative Chancen, die mich voranbrachten und mein Leben zum Besseren veränderten.

Wie wir uns und die Welt wahrnehmen, bestimmt über unsere »Realität«.

Wir sind jederzeit von unendlich vielen Ideen, Anblicken, Geräuschen, Gerüchen, Meinungen und Möglichkeiten umgeben. Worauf wir aber unsere Aufmerksamkeit richten und wie wir darüber denken und sprechen, hängt von unserer jeweils aktuellen Weltsicht ab. So können beispielsweise vier Menschen an einer Frau vorbeigehen, die gerade auf einer Leiter steht und die Fassade ihres Hauses anstreicht, und diese Situation komplett unterschiedlich wahrnehmen. Vielleicht ist eine der Passantinnen frisch verlobt und verspürt beim Anblick der Frau Schmetterlinge im Bauch, weil sie denkt: »Ich kann es kaum erwarten, eine Farbe für unser gemeinsames Haus auszusuchen!« Dann kommt jemand vorbei, der immer wieder auf die falschen Frauen hereinfällt und gerade von seiner Freundin betrogen wurde. Er hält die Frau auf der Leiter auf den ersten Blick vielleicht für attraktiv, sagt sich dann aber: »Reiß dich zusammen, Mann, sie wickelt dich doch nur um den Finger und lässt dich dann fallen wie eine heiße Kartoffel.« Die dritte Person, die vorbeiläuft, hat sich gerade als Schuhdesignerin selbstständig gemacht. Sie nimmt die Frau in Augenschein und denkt: »Das ist eine sehr interessante Position, um eine Schnalle anzubringen. Wo sie diese Sandalen wohl herhat?« Die letzte Person, eine viel beschäftigte Mutter von drei Kindern, die noch nicht gefrühstückt hat, denkt beim Anblick der Frau vielleicht gar nicht an die Frau, sondern: »Hm, wie wäre es mit einem Schinkensandwich zum Mittagessen?«

Der erste Schritt hin zu einer großen Veränderung besteht immer darin, sich des Problems bewusst zu werden. Wenn du dein Selbstbild dahingehend anpassen willst, dass es den Gewohnheiten auf deiner persönlichen Wunsch- bzw. Abschussliste entspricht, ist es notwendig, dass du deine Verhaltensweisen genau unter die Lupe nimmst. Nur so kannst du alles verändern, was im Widerspruch zu deinem angestrebten Ziel steht. Achte bewusst auf deine Worte, Gedanken, Überzeugungen und Taten und hinterfrage sie: *Hm, wenn ich mit dem Rauchen aufhören will, sollte ich meinen Freund vielleicht nicht mehr anflehen, während der Fahrt das Seitenfenster zu öffnen, wenn wir an jemandem vorbeifahren, der gerade an einer Zigarette gezogen hat, nur damit ich die Rauchreste einatmen kann. Vielleicht sollte ich den Raucher einfach ignorieren und meinen Freund fragen, wie sein Tag so war.*

Jedes Selbstbild wird durch Gewohnheiten gespiegelt, die damit einhergehen – und umgekehrt.

Als ich schließlich beschloss, mein Verhältnis zum Geld zu kurieren (sprich: endlich welches zu verdienen), tat ich alles erdenklich Mögliche, um aus meinem Loch hervorzukriechen. Ich las Bücher zum selbstbewussten Umgang mit Geld, besuchte »Wie-werde-ich-reich«-Seminare, hörte mir Vorträge an, buchte Coaches, aber mit am wichtigsten war, dass ich mein Selbstbild anpasste. Ich zwang mich dazu, mich nicht mehr als mittellose Versagerin zu sehen, sondern als jemanden, dem das Geld nur so zufliegt. An meiner Umgebung und auf meinem Konto änderte das zunächst einmal nichts, aber ich tat einfach so, als wäre das schon der Fall. Ich fing an, zu denken, zu handeln und die Welt wahrzunehmen wie der Mensch, der ich werden wollte. Immer, wenn ich den Impuls verspürte zu sagen: *Das kann ich mir nicht leisten* (also eigentlich immer, wenn jemand etwas mit mir unternehmen wollte), ersetzte ich diesen Satz bewusst durch den Gedanken: *Geld fließt mir leicht und frei zu.* Diesen Satz wiederholte ich immer wieder, und da ich ein Mensch bin und dementsprechend gerne recht habe, suchte ich nun nach Belegen dafür, dass das tatsächlich stimmte. Es kam vor, dass ich einen Dollar auf der Straße fand, plötzlich einen Auftrag angeboten bekam oder von meinem Vater 20 Dollar zum Geburtstag erhielt – und statt diese finanziellen Glücksmomente zu ignorieren und meine Aufmerksamkeit sofort wieder darauf zu richten, was zur Hölle ich da mit meinem Leben anrichtete, feierte ich, dass mir das Geld in diesem Augenblick wirklich leicht und frei zufloss.

Gewohnheiten haben Einfluss darauf, was für eine Art Mensch wir zu einem bestimmten Zeitpunkt unseres Lebens sind – aber da ist nichts in Stein gemeißelt.

Das ständige Wiederholen des Satzes *Geld fließt mir leicht und frei zu* führte nicht nur dazu, dass ich mich wie beflügelt fühlte, sondern öffnete mir auch die Augen für all die Dinge, für die ich blind gewesen war, als ich mir unbedingt ständig beweisen musste, dass ich mir *wirklich* nichts leisten konnte. Ich stürzte mich auf Chancen, die ich zuvor für völlig abwegig gehalten oder gar nicht wahrgenommen hätte. Ich investierte Geld, das ich »nicht hatte«, in Fortbildungen und gründete ein neues Unternehmen. Ich wuchs über mich hinaus und wagte mehrere Sprünge ins Ungewisse, statt eine Schnarchnase zu bleiben und weiter ständig darüber zu jammern und zu motzen, wie schwer alles war. Mir ein neues Selbstbild anzutrainieren, das Selbstbild eines erfolgreichen Menschen, sorgte dafür, dass ich nach Lösungen Ausschau hielt, während ich als selbsterklärte Pleitekönigin immer nur nach Ausreden gesucht hatte. Diese Sichtweise hatte enorme Auswirkungen.

»Ich bin der Größte. Das habe ich schon gesagt, bevor ich es wusste.« – Muhammad Ali

Greife dir jetzt eine Eigenschaft heraus, die du oft nennst, wenn du dich selbst beschreiben sollst. Das kann alles sein, von: *Ich bin faul/gut organisiert/immer pünktlich/spontan/selbstbewusst* bis hin zu: *Ich bin musikalisch/schlecht in Mathe/will es immer allen recht machen.* Nun werden wir einen Schritt zurücktreten und uns anschauen, wie deine ständigen Worte, Gedanken, Überzeugungen, Gefühle und Taten dein Selbstbild geprägt haben, sodass du, wenn es darum geht, dir ein neues Selbstbild und neue Gewohnheiten anzueignen, ein Beispiel aus deinem eigenen Leben parat hast, an dem du dich orientieren kannst.

- **Worte:** Wie sprichst du über dich selbst, wenn es um diesen bestimmten Aspekt deines Selbstbildes geht? Entschuldigst du dich dafür? Zelebrierst du die Eigenschaft? Tust du so, als sei sie nicht weiter wichtig? Ich zum Beispiel bin ein extrem ordentlicher Mensch. Ich mache mein Bett direkt nach dem Aufstehen, räume meinen Koffer aus, sobald ich von einer Reise zurückgekehrt bin, und stelle die Gewürze schon während des Kochens wieder ins Regal, obwohl ich sie später meistens doch noch einmal brauche (dämlich, ich weiß). Außerdem habe ich häufig Gäste, zu denen ich ständig sage: »Ich weiß, ich kann nicht anders, ignoriert mich einfach«, wenn ich sie sanft zur Seite schiebe, damit ich das Kissen hinter ihnen aufschütteln kann, oder die Schuhe im Flur ordentlich nebeneinander aufreihe. In Gegenwart aller, die es hören wollen, gebe ich Statements ab, die in etwa so klingen: »Ich bin froh, dass ich so pedantisch bin. Das erleichtert mir echt das Leben.« Währenddessen ziehe ich meinen Lippenstift aus der Tasche, wo er sich zuverlässig befindet, weil ich ihn jedes Mal sofort wieder an seinen Platz zurückstecke. Ich bin gerne ordentlich, ich war immer schon ordentlich, ich mag es, und meine Worte spiegeln das wider.

- **Gedanken:** Welche Gedanken gehen dir in Bezug auf den betreffenden Aspekt deines Selbstbildes durch den Kopf, wenn du einen Raum betrittst, jemanden kennenlernst, Nachrichten liest oder eine unbekannte Straße entlangfährst? Wenn ich zum Beispiel in ein mir fremdes Büro komme und sehe, dass sich auf dem Schreibtisch tausend Dinge stapeln, macht mich das regelrecht nervös. Ich kann mir nicht vorstellen, wie sich jemand inmitten dieses Durcheinanders zu konzentrieren vermag. Sobald ich Chaos entdecke, verspüre ich den Drang aufzuräumen. »Äußere« Ordnung gibt mir das Gefühl, dass tatsächlich alles in Ordnung ist. Deshalb mag ich es auch, wenn andere Leute ordentlich sind. Bei Besuchen fällt mir daher sofort auf, ob die Wohnung aufgeräumt ist oder nicht.
- **Überzeugungen:** Welche damit in Zusammenhang stehenden Überzeugungen – seien sie nun bewusst oder unbewusst – prägen und leiten dich? Ordentlich zu sein,

erleichtert mir persönlich das Leben, weil ich immer weiß, wo alles ist. So halte ich mir selbst den Rücken frei. Ich habe mich im Griff. Alles unterliegt meiner Kontrolle.

- **Emotionen:** Was verspürst du beim Gedanken daran, dass du so oder so bist? Mir verschafft Ordnung ein Gefühl der Ruhe, ich habe den Eindruck, etwas geschafft zu haben, ich empfinde Zufriedenheit, Sicherheit, Wohlbehagen – und ich fühle mich Menschen, die nicht ordentlich sind, ein wenig überlegen. Da. Ich habe es gesagt.
- **Automatisierte Verhaltensweisen:** Welche Handlungen wiederholst du immer wieder, die auf diesen bestimmten Aspekt deines Selbstbildes verweisen? Ich ertappe mich ständig dabei, wie ich Dinge geraderücke, aufschüttele, zusammenfalte, stapele, abwische und sortiere. Und ich betrete Zimmer häufig nur aus einem Grund: Um mich daran zu erfreuen, wie ordentlich es dort aussieht.

Jetzt, da du dir bewusst bist, aus welchen Bausteinen sich dein Selbstbild zusammensetzt, kannst du dir anhand dieser Informationen exzellente neue Gewohnheiten aneignen und dich störender alter entledigen. Die Fähigkeit, frei wählen und ändern zu können, wer wir sind, ist ein Geschenk des Himmels, vor allem, da viele der Gewohnheiten und Eigenschaften, die uns tagtäglich »steuern«, nicht auf unseren bewussten Entscheidungen basieren. Forschungen haben ergeben, dass bestimmte Persönlichkeitsmerkmale auf genetische Veranlagung zurückgehen. Auch unser Umfeld beeinflusst unsere Verhaltensweisen und die Ansichten, die wir vertreten. Einen Großteil unserer tiefsitzendsten und hartnäckigsten Überzeugungen und Eigenschaften haben wir von unseren Eltern (bzw. den Personen, die uns großgezogen haben) übernommen. Niemand von uns hat mit vier Jahren gedacht: »Hm, stimmt, es scheint eine hervorragende Idee zu sein, jeden zu verachten, der einem anderen Glauben anhängt als ich. Ich kann mir nichts Schöneres und Erfüllenderes und Sinnvolleres vorstellen, als Menschen abzulehnen, die anders sind – super Sache!« Die meisten unserer früh entstandenen Gewohnheiten schnappen wir einfach auf, während wir mit unseren Eltern am Esstisch sitzen und jede ihrer Regungen beobachten. Daraus leiten wir dann unsere eigenen Sichtweisen ab, und zwar auf zweierlei Weise: Entweder imitieren wir das, was wir erleben, oder wir rebellieren dagegen.

Als Kind bilden die Menschen, die uns großziehen, das Zentrum unserer Welt. Wir vertrauen darauf, dass sie für unsere Sicherheit sorgen, uns ernähren und uns zeigen, wie die große neue Welt um uns herum funktioniert. Wir sind wie die Eichhörnchen: Wir horten jede noch so kleine Information wie Nüsse, um uns einen Vorrat anzulegen, mit dem wir gut durch den Winter beziehungsweise durchs Leben kommen. Als Kind mangelt es uns noch an gut entwickelten Filtern und analytischen Fähigkeiten. Also verarbeiten und sortieren wir all diese Informationen mithilfe eines großen, ziemlich groben Ja-Nein-Schalters: Wir ahmen nach, was wir sehen, oder wir tun genau das Gegenteil.

Was uns in dem Alter an analytischem Geschick fehlt, gleichen wir durch unseren Blick fürs Detail aus. Mein Bruder Steve musste feststellen, *wie* exakt er offenbar Verhaltensmuster unserer Eltern verinnerlicht hatte, als er sich versehentlich dabei filmte, wie er gerade mit unserem Vater zusammen einen Teller mit Sandwiches und Fingerfood herrichtete. Steves Tochter wurde an jenem Tag 18, und wir hatten uns alle bei ihm zu Hause versammelt, um sie mit einer Party zu überraschen. Steve hatte eine Videokamera in der Küche aufgestellt, um den großen Augenblick einzufangen, in dem das Geburtstagskind zur Tür hereinkäme. Ihm war allerdings nicht bewusst gewesen, dass auch er und Dad mit im Bild waren. Als er mir die Aufnahme dann am nächsten Morgen zeigte, meinte er nur: »Das war mir echt nicht klar. Warum hat mir denn niemand was gesagt? Ich hatte doch keine Ahnung.« Er spielte das Beweisvideo ab, und dort standen sie – Dad und Steve, nebeneinander in der Küche, eine ältere und eine jüngere Version ein und desselben Menschen, mit exakt der gleichen Körperhaltung: hochgezogene Schultern, leicht vorgebeugt, hin und wieder ein gutmütiges Kopfschütteln, die Arme ein wenig steif, jeder mit einem Messer in der Hand, das sie mit exakt den gleichen Fingern in exakt der gleichen Position hielten, um damit gleichermaßen konzentriert Zutaten klein zu schneiden, während sie mit hochgezogener rechter Augenbraue dem Gespräch um sie herum lauschten. Steve hatte nicht nur die Kamera perfekt ausgerichtet – Dad im Vordergrund, sein Antipasti zubereitender Doppelgänger ein Stück rechts von ihm –, sondern Dad auch so perfekt nachgeahmt, wie er es willentlich nie geschafft hätte. Eine so täuschend ähnliche Darbietung hatte ich noch nie gesehen. Ich war beeindruckt.

Es ist zwecklos, dagegen anzukämpfen: Wir werden zu unseren Eltern, ob es uns nun gefällt oder nicht. Ich weiß ja nicht, wie es dir geht, aber mir rutschen manchmal

Formulierungen heraus, die so haarsträubend denen meiner Mutter gleichen, dass diese sich genauso gut im Gebüsch verstecken und sie mir einflüstern könnte. Hin und wieder entwischen mir sogar Sätze, die ich von ihr übernommen habe, obwohl ich ihnen gar nicht zustimme und sie eigentlich nicht sagen will. Aber keine Chance, sie kommen mir ganz einfach automatisch über die Lippen, wie hochgewürgtes Gewölle aus dem Unterbewusstsein.

In anderen Fällen rebellieren wir gegen unsere frühkindliche Prägung und konterkarieren das, was uns vermittelt wurde, mit der gleichen Präzision, die wir auch an den Tag legen, wenn wir Verhaltensweisen nachahmen. Ich schreibe meine extreme Ordnungsliebe der Tatsache zu, dass meine Mutter eine enthusiastische »Horterin« war: Sich mit möglichst vielen Gegenständen zu umgeben, verschaffte ihr ein Gefühl der Sicherheit und füllte womöglich ein Loch, das ihre einsame Kindheit in ihr erzeugt hatte. Mom war immer der Meinung, dass man eine Bluse, die man mochte, gleich in allen Farben kaufen sollte. Sie besaß etwa 37 Baseballcaps, die um die wenigen Haken an ihrer Garderobe konkurrierten, und auf jeder verfügbaren Oberfläche stapelten sich Zeitschriften, Zeitungen, Hundehalsbänder und Nagelfeilen. Als ich während des Studiums einmal bei ihr zu Besuch war, entdeckte ich auf dem Dachboden eine Kiste mit alten Feuchtigkeitscremes, lauter halb volle Tuben aus den Siebzigerjahren. Ich fragte meine Mutter, ob ich sie wegwerfen könne, und sie sagte: »Nein«, woraufhin ich fragte: »Warum in aller Welt willst du sie behalten?«, woraufhin sie antwortete: »Warum in aller Welt interessiert dich das?« Okay, da hatte sie recht. Es waren *ihr* Dachboden und *ihre* ranzigen Cremes. Doch auf mich wirkte der Wust an Kram kein bisschen beruhigend, im Gegenteil: Für mich stellt er ein finsteres Übel dar, das mit spitzen Fingern an den Nähten zerrt, die meine Seele zusammenhalten. Die Sammelwut meiner Mutter traumatisierte mich so sehr, dass ich zum anderen Extrem tendiere und einen Ordnungsfimmel entwickelt habe, der mittlerweile so legendär ist, dass eine Freundin, die bei mir zu Besuch war, einmal mitten in der Nacht schreiend aufwachte, weil ihr eingefallen war, dass sie einen benutzten Löffel auf meiner makellosen Küchenanrichte hatte liegen lassen.

Der Schlüssel zu einem hammermäßigen Leben liegt vor allem darin, Entscheidungen zu treffen, die unser Herz vor Freude singen lassen, und damit dir das gelingt, musst du dir zunächst der Entscheidungen bewusst werden, die du bereits gefällt hast.

Unser Leben verändern zu wollen, ohne uns unserer selbst bewusst zu sein, gleicht dem Versuch, mithilfe einer Landkarte an einen Ort zu gelangen, an dem wir noch nie zuvor waren: Wenn wir nicht wissen, von welchem Punkt aus wir starten, werden wir nicht weit kommen.

Einen Schritt zurückzutreten und eine Inventur unserer bisherigen Gewohnheiten, Ansichten, Gedanken, Eigenschaften,

Worte und Taten durchzuführen, zählt zu unseren wichtigsten Aufgaben, weil wir uns so aus der Opferrolle lösen und unser Leben selbst in die Hand nehmen. Und erst ein in vollem Bewusstsein gelebtes Leben macht so richtig Spaß.

Nie wieder raffinierter Zucker: Alice (32)

Die Idee, komplett auf Zucker zu verzichten, kam mir hauptsächlich wegen meiner Haut. Ich hatte ständig riesige Pickel und fühlte mich grundsätzlich nicht wohl, nachdem ich Zucker gegessen hatte. Wenn ich mir etwas vornehme, dann ohne Rücksicht auf Verluste. Also verkündete ich laut und deutlich: »Ich esse keinen Zucker mehr« und warf unmittelbar alle zuckerhaltigen Produkte weg. Außerdem las ich viel über Menschen, die ihre Ernährung umgestellt und dadurch ihr Leben komplett verändert hatten. Ich ließ mich von einem Arzt beraten, der mich immer wieder in meinem Entschluss bestärkte, und schaute mir eine superinteressante Doku namens *Fed up* an, in der einem die üblen Auswirkungen von Zucker vor Augen geführt werden.

Ich versuchte, die Sucht *umzuprogrammieren*, wie ich es nannte. Mir wurde klar, dass ich süchtig danach war, Zucker und massenweise ungesundes Zeug zu essen, um mich dadurch noch weiter runterzuziehen. Sobald ich ein bisschen Abstand zum Zucker geschaffen und die Gewohnheit durchbrochen hatte, erkannte ich, wie sehr er mein Leben geprägt hatte: Er hatte enorme Stimmungsschwankungen ausgelöst und mir Pickel beschert, und jetzt fragte ich mich: *Warum tue ich mir das an?* Von da an richtete ich meine Aufmerksamkeit auf Lebensmittel, die dafür sorgten, dass es mir gut ging, und löste mich von der Sucht danach, mich schlecht zu fühlen.

Wer nicht mehr süchtig danach ist,
sein schlechtes Selbstbild zu bestätigen,
kann seine Gewohnheiten ändern.

Auf diese Weise programmierte ich meine Sucht so um, dass ich nicht mehr ständig den Impuls hatte, mein negatives Selbstbild zu bestärken, sondern danach strebte, mich gut zu fühlen – allgemein und in Bezug auf mich selbst.

Ich übte eine Rolle ein, als würde ich in einem Theaterstück mitspielen. Ich versetzte mich in Bilder und Geschichten hinein, in denen ich mein bestes, wahres Ich verkörperte: einen Menschen, der keinen Zucker isst. Ich veränderte meine Lebenserzählung: Es war eine Art *Method Acting*, bei dem ich mich ganz mit meiner neuen Rolle identifizierte – und absolut hilfreich. Denn wenn wir kein positives Selbstbild haben, wie sollen wir uns dann die zugehörigen Verhaltensweisen antrainieren?

Kapitel 2

Gesunde Grenzen: Die stillen, starken Helden deiner Erfolgsgeschichte

Ich wuchs in einem Vorstadtviertel auf, in dem es nur so von Kindern wimmelte, die mehr oder weniger in meinem Alter waren. Wir kletterten auf Bäume, bauten uns im nahe gelegenen Wäldchen Tipis aus Ästen und Zweigen, schaukelten bis in den Himmel und rasten in wahnwitzigem Tempo mit dem Fahrrad oder Skateboard den steilen Hang am Ende der Straße hinunter.

Eines späten Sommernachmittags, als ich etwa fünf Jahre alt war, spielten ein paar von uns draußen. Charles, ein vierjähriger Junge aus dem Nachbarhaus, beschloss, sich allein mit dem Rad genau diesen Abhang hinabzustürzen, um zu sehen, wie schnell er fahren konnte. Ich habe nicht mehr vor Augen, wie er hinaufschob oder den Hügel hinabgeschossen kam. Ich sehe immer nur den Moment vor mir, in dem Charles' Reifen mit einem Stein kollidierte, das Rad unter ihm wegglitt und er gut zwei Meter weit mit dem Gesicht nach unten über die Straße schlitterte. Alles, was dann folgte, hat sich mir in Zeitlupe eingebrannt: Wie wir Kinder aufschrien und zu unserem gestürzten Freund rannten. Wie Charles den Kopf hob und langsam in ein lautes, von Blut und Rotz getränktes Heulen ausbrach. Und wie unsere Babysitterin Janet, die damals wahrscheinlich selbst erst 13 war, mit ihren mageren, ungelenken Armen nach Charles griff und rief: »Jennifer! Hol seine Eltern!«

Unsere Eltern waren alle zusammen auf einer Cocktailparty bei den Haynes am anderen Ende der Straße, wo sie im riesigen Wintergarten saßen, Gin Tonics schlürften und die kinderfreie Zeit genossen. Ich rannte los, verfiel aber kurz vor dem Ziel in ein verhaltenes Schritttempo, weil mir plötzlich voller Schrecken bewusst wurde, dass ich gleich einen Raum voller Erwachsener betreten müsste. Ich schlich um das Haus herum zum gefürchteten Wintergarten, der durch seine hohe Lage vor Blicken von außen geschützt war. Als ich hineinspähte, sah ich nur ein Meer aus Beinen, unzählige Beine von unzähligen Erwachsenen, die alle plötzlich verstummen und mich anstarren würden, sobald ich die drei hohen Betonstufen erklommen hätte, um in den Raum zu platzen und hervorzustammeln, was passiert war. Ich hatte panische Angst davor, die Aufmerksamkeit auf mich zu ziehen, davor, dass ich Ärger bekommen könnte, weil wir draußen auf der Straße gespielt hatten, und vor Erwachsenen im Allgemeinen. So verharrte ich im Verborgenen neben der Treppe und streckte nur den Arm aus, um kaum hörbar gegen den unteren Rand der Fliegengittertür zu klopfen. Dann machte ich kehrt, raste nach Hause, warf mich aufs Bett und versuchte, die Bauchschmerzen heraufzubeschwören, die ich meinen Eltern vorspielen wollte, sobald sie heimkamen.

So verhalten sich viele Menschen. Auch dann, wenn wir eigentlich Grenzen setzen müssten. Wenn es darum geht, klar zu formulieren und dafür einzustehen, wer wir sind und was wir brauchen, klopfen wir nur schüchtern an die Tür (so wir nicht gleich ganz wegbleiben). Wir machen uns aus dem Staub und igeln uns ein – in ein Knäuel aus selbst verschuldetem Leid. Ganz wie ein kleines Kind, das befürchtet, ausgeschimpft zu werden, niemanden verärgern möchte oder einfach grundsätzlich Angst davor hat, gesehen zu werden, aus der Menge hervorzustechen und verurteilt zu werden, entscheiden wir uns für: *Nein, kein Problem, beachten Sie diesen riesigen Stapel Arbeit auf meinen Schreibtisch nicht weiter, wie kann ich Ihnen helfen?* Unsere Bedürfnisse aber lassen wir Rotz und Wasser heulend auf der Straße liegen (Charles hat sich übrigens rasch von seinem Unfall erholt und spricht weiterhin mit mir).

Persönliche Grenzen definieren, wo wir selbst enden und die Außenwelt beginnt. Gesunde Grenzen zu ziehen, bedeutet, für die eigenen Handlungen, Emotionen und Bedürfnisse einzustehen und sich gleichzeitig *nicht* die Verantwortung für die Handlungen, Emotionen und Bedürfnisse anderer aufzubürden.

Du hast Verantwortung *gegenüber* anderen. Du bist nicht verantwortlich *für* andere. Großer Unterschied.

So wie unsere Haut das äußere Ende unseres Körpers markiert, die Mauern unseres Hauses die äußere Begrenzung unseres Wohnraums und die Kasse für Kunden mit bis zu 15 Artikeln wirklich nur für Kunden mit 15 Artikeln gedacht ist und nicht 20 (echt jetzt, Leute!), haben auch wir persönliche Grenzen, die ebenfalls klar definiert und respektiert werden sollten. So muss es uns erlaubt sein, Einladungen abzulehnen, die wir nicht annehmen wollen, Menschen zur Rede zu stellen, deren Kommentare uns Unbehagen verursachen, und unserer Chefin mitzuteilen, dass sie endlich aufhören soll, immer wieder auf unserem Parkplatz zu parken. Wir müssen um Hilfe bitten, wenn wir welche benötigen, uns von der Erwartung frei machen, dass andere Leute unsere Probleme für uns lösen, und aufhören, der Schwester, die nicht mit Geld umgehen kann, immer wieder unter die Arme zu greifen, wenn sie mal wieder shoppen war und die Miete nicht bezahlen kann. Wenn wir uns nicht selbst klare und gesunde Grenzen setzen, verschwimmen wir und werden zu undefinierbaren, schemenhaften Wesen, die ihre eigenen Bedürfnisse, Verantwortlichkeiten und Eigenschaften nicht von denen der Menschen in ihrer Umgebung trennen können.

Gesunde Grenzen sind besonders wichtig, wenn du dabei bist, dir neue Gewohnheiten anzueignen. Denn wenn du dein Ziel erreichen willst, kannst du es dir nicht leisten, dass äußere Kräfte über deine Zeit verfügen, Pessimisten deine Ansichten madig machen und deine Aufmerksamkeit von deinem (oft unbewussten) Bedürfnis in Beschlag genommen wird, dein Umfeld zu kontrollieren. Überlass die Bühne niemals deinen Schuldgefühlen, deiner Scham und deinem inneren *Ich sollte aber.*

Die Gewohnheit, die richtigen Grenzen zu setzen, legt den Grundstein für alle anderen Gewohnheiten.

Wenn du beispielsweise darauf hinarbeitest, eine bessere Führungskraft zu werden, musst du klare Grenzen setzen, indem du deine Erwartungen formulierst, deutliche Richtlinien vorgibst, allen Mitarbeitern den Raum gewährst, sich zu entwickeln, ohne ihnen ständig über die Schulter zu schauen und jede Aufgabe selbst zu übernehmen, und dem Team gegenüber weder zu freundschaftlich noch tyrannisch auftrittst. Wenn du dir angewöhnen willst, kein Fleisch zu essen, solltest du dich mit deinen Freunden in Restaurants treffen, die gute vegetarische Optionen auf der Karte haben, dir die Zeit nehmen, neue, fleischfreie Gerichte kochen zu lernen, und wenig begeisterte Gastgeber vorab darüber informieren, dass du keine toten Tiere isst. Wenn du regelmäßig Tai-Chi machen willst, musst du dir genügend Zeit für den Sport freiräumen, dich mit Menschen umgeben, die deine Entschlossenheit stärken, damit du wirklich jedes Mal zum Kurs gehst, und dich ganz auf dich selbst und die Abläufe konzentrieren, damit du dich in Zeitlupe bewegen kannst, ohne umzufallen (oder einzuschlafen).

Unsere Gewohnheiten definieren, wer wir sind. Unsere Grenzen definieren, welchen Raum wir dafür benötigen.

Um das Training deiner neuen Gewohnheit besser in Angriff nehmen zu können, nimm dir kurz Zeit, darüber nachzudenken, wie gut du deine Grenzen und die anderer Menschen respektierst bzw. ob du dir ihrer überhaupt bewusst bist. Im Folgenden liste ich einige Bereiche auf, in denen Grenzen üblicherweise eine Rolle spielen, und nenne ein paar Beispiele als Anstoß zur Selbstreflexion:

- **Körper:** Wenn du es nicht magst, von Fremden angefasst zu werden, die Yogalehrerin aber an dich herantritt, um deine Haltung zu korrigieren, bittest du sie dann, ihre Hand wieder zurückzunehmen, weichst du ihr aus, versetzt du ihr einen Klaps auf die Finger oder sagst du gar nichts und hoffst, dass sie schnell weitergeht? Wie sehen deine Grenzen im Zusammenhang mit Sex, Essen, Sport, deiner Kleidung und Unterhaltungen über deinen Körper und Körper im Allgemeinen aus? Wie reagierst du auf Menschen, die dich zur Begrüßung auf die Wangen küssen (zählst du selbst zu ihnen)? Wie sehr achtest du auf die Körpersprache anderer? Umarmst du deine Bekannten automatisch, wenn du sie triffst, oder wartest du ab, wie sich die Gegenseite verhält? Ziehst du kritisch eine Augenbraue hoch, wenn deine Tochter, die du für übergewichtig hältst, zum zweiten Donut greift? Ermunterst du sie dazu, ihn zu essen? Machst du dich über sie lustig? Sagst du einfach nichts dazu? Fällt es dir überhaupt auf?

- **Gegenstände:** Welche deiner Besitztümer gibst du nicht aus der Hand, welche verleihst du freigebig? Bist du zu Hause ein eher ordentlicher oder ein eher chaotischer Mensch, und wie verhältst du dich in den Räumlichkeiten anderer? Lebst du nach dem Motto: *Lieber um Verzeihung bitten als um Erlaubnis* und bedienst dich einfach an den Äpfeln am Baum des Nachbarn, den Kleidungsstücken im Schrank deiner Schwester, dem Büromaterial bei der Arbeit oder der Zahnbürste des Partners, wenn du deine eigene zu Hause vergessen hast? Wie würdest du reagieren, wenn es andersherum wäre und andere Menschen dich nicht um Erlaubnis bäten?
- **Ansichten:** Lässt du dich leicht von Menschen in deinem Umfeld oder den Medien umstimmen? Bist du relativ gefestigt in deinen Überzeugungen, aber trotzdem offen dafür, dir eine gegensätzliche Meinung anzuhören? Hältst du Leute, die anders denken als du, für Idioten, für klüger oder einfach nur für anders? Hinterfragst du deine Ansichten oder die Ansichten anderer? Ist es dir wichtig, dass in jeder Auseinandersetzung eine Partei recht hat und die andere unrecht, oder hältst du es durchaus für möglich, dass es mehr als eine richtige Antwort geben könnte? Würdest du bis aufs Blut darauf beharren, dass es dein Mann war, der das Autofenster vor dem Unwetter letzte Woche offen gelassen hat (auch wenn du dir jetzt, wo du darüber nachdenkst, eigentlich gar nicht mehr so

richtig sicher bist, ob du es nicht vielleicht doch selbst warst)? Kannst du zugeben, dass du falsch lagst? Verspürst du den Drang, jeden im Umkreis von zwei Kilometern darüber zu informieren, dass du recht hattest, wenn das der Fall ist? Weigerst du dich, andere Leute ausreden zu lassen, und ziehst du niemals eine andere Sichtweise in Erwägung? Gibt es überhaupt jemanden, der irgendeine dieser Fragen mit *Ja* beantwortet?

- **Verhaltensweisen:** Handelst du aus dem Affekt heraus und tust das, wonach dir im Augenblick gerade der Sinn steht, ohne darauf zu achten, wie es anderen damit geht? Schränkst du dich in deinem Verhalten ein, entschuldigst dich ständig, machst dich klein und sprichst in einem kaum hörbaren Flüsterton, um keine Wellen zu schlagen oder andere zu stören? Sagst du etwas, wenn sich jemand rücksichtslos verhält, andere mobbt, rassistische Witze macht oder während des Films im Kino redet, oder schweigst du lieber und kritisierst diese Person hinter ihrem Rücken? Drängst du anderen ungefragt deine Ideen, Buchempfehlungen, Modetipps, Jobratschläge und Blind Dates auf, weil du so überzeugt von ihnen bist? Wie reagierst du selbst auf unerbetene Ratschläge, unhöfliche Kommentare, eine helfende Hand? Versuchst du, alles selbst zu machen? Versuchst du, alles anderen zu überlassen? Gibst du anderen Menschen/der Gesellschaft/deinen Eltern die Schuld an deinem langweiligen Job, deinem ungesunden Verhalten bei der Partnerwahl, deinem leeren Bankkonto, deiner Flugangst? Kommunizierst du klar und deutlich oder beschränkst du dich auf Andeutungen? Denkst du nach, bevor du etwas sagst, erzählst du alles, was dich bewegt, oder behältst du es für dich, bis du explodierst/ein Magengeschwür bekommst?

- **Raum:** Nimmst du im Schlaf das ganze Bett in Beschlag? Hupst du andere Autofahrer aus dem Weg? Spreizt du die Beine, auch wenn die U-Bahn überfüllt ist? Wie reagierst du, wenn du auf solche Menschen triffst? Sitzt du immer nur mit dem halben Hintern auf dem Sofa, um möglichst wenig Platz zu beanspruchen? Bist du dir des Raums bewusst, den du einnimmst? Gibst du dir und anderen Raum zum Arbeiten, Raum zum Denken, Raum, etwas zu erschaffen, Raum für Gefühle? Achtest du deine eigene Privatsphäre und die Privatsphäre anderer?
- **Emotionen:** Fühlst du mit anderen Menschen, fühlst du zu sehr mit anderen Menschen und betrachtest deren Kummer als deinen Kummer oder sind dir Probleme, die dich nicht direkt selbst betreffen, einfach egal? Schreist du den Mitarbeiter am Flughafenschalter an, wenn er deine Buchung nicht finden kann, setzt du dich ruhig und sachlich mit ihm auseinander oder brichst du frustriert in Tränen aus? Schluckst du deine Probleme herunter, besprichst du sie nur mit deinen engsten Vertrauten oder versuchst du, sie zu verdrängen? Handelst du impulsiv oder wartest du lieber kurz ab, bevor du eine Entscheidung triffst? Und wie reagierst du auf Menschen, die in dieser Hinsicht anders sind als du? Passt du dein Verhalten daran an, ob dein Gegenüber gut drauf, schlecht gelaunt oder bedrückt ist, und/oder erwartest du von anderen, dass sie stets auf deine Emotionen Rücksicht nehmen? Nimmst du die Stimmung anderer Menschen wahr? Versuchst du sie aufzuheitern, wenn es ihnen nicht gut geht?

- **Zeit:** Bringst du deiner Zeit und der anderer Respekt entgegen, indem du pünktlich bist? Weigerst du dich, Menschen zu treffen, die deine Zeit nur verschwenden? Liest du das Buch über die örtliche Flora und Fauna, das deine Nachbarin geschrieben hat, von vorn bis hinten durch, obwohl dich das Thema überhaupt nicht interessiert, oder sagst du ihr, du hättest zu viel zu tun? Nimmst du dir ohne schlechtes Gewissen Zeit für dich? Beklagst du dich darüber, dass du nicht zu den Dingen kommst, die du dir vornimmst, räumst du dir Zeit frei oder verschwendest du deine Zeit?
- **Empfänglichkeit:** Bist du offen für Nähe, Freundschaft, Erfolg, Vergnügen? Lässt du Beleidigungen, negative Energien, toxische Beziehungen, die unschönen Launen anderer an dich heran? Hörst du zu, wenn deine Freundin zum 500. Mal über ihren Job jammert, oder sagst du ihr, du hieltest es nicht mehr aus und sie solle sich zusammenreißen/andere damit zutexten? Heißt du andere Menschen in deinem Leben/Haus/Buchclub willkommen, weil du nicht willst, dass sie sich zurückgewiesen fühlen oder eine Szene machen? Bist du empfänglicher für die Bedürfnisse anderer als für deine eigenen? Bist du dir der Bedürfnisse anderer bewusst?
- **Energie:** Das Essen, das du zu dir nimmst, die Musik, die du hörst, die Aktivitäten, an denen du teilnimmst, und die Leute, die du triffst – verleiht dir das alles Energie oder raubt es sie dir? Gehst du kraftraubenden Menschen und Tätigkeiten gegenüber auf Distanz, beißt du die Zähne zusammen und kämpfst dich durch oder findest du einen »guten« Mittelweg? Achtest du bewusst darauf, wer und

was welche Auswirkungen auf deinen Energiehaushalt hat? Wie sieht dein eigener Beitrag in dieser Hinsicht aus?

Grenzen lernen wir schon als Kinder kennen. Wir testen sie zunächst einmal bei den Menschen in unserem Umfeld, schauen, was passiert, und leiten aus unseren Erfahrungen über die Jahre hinweg ein Verständnis dessen ab, wie die Welt funktioniert. Wenn wir uns weigern, Tante Lauren einen Kuss zu geben, wird unser Wille dann gehört und akzeptiert, ignoriert sie uns und hebt uns hoch, damit wir ihr einen Schmatzer auf die Backe drücken, oder werden wir bestraft und in unser Zimmer geschickt? Wenn wir tun, was uns gesagt wird, und uns bettfertig machen, bekommen wir dann zur Belohnung eine Geschichte vorgelesen, werden wir angeschnauzt, weil wir zu lange gebraucht haben, oder lässt man uns stundenlang oben allein? Wenn wir den coolen neuen Ausdruck ausprobieren, den wir von den großen Kids im Bus aufgeschnappt haben, und Mom beim nächsten Mal, wenn wir unser Spielzeug aufräumen sollen, eine »alte Fotze« nennen, vermittelt uns ihre Reaktion jede Menge wertvoller Informationen (auch wenn wir vielleicht trotzdem noch keinen blassen Schimmer haben, was genau wir da eigentlich gesagt haben).

Unser kleines Gehirn saugt alle Informationen auf, die es kriegen kann, und leitet daraus »Wahrheiten« darüber ab, welche Grenzen uns am besten beschützen und uns mit dem versorgen, was wir brauchen: *Wenn ich Nein sage, werde ich wie ein schlechter, gemeiner Mensch behandelt, also sage ich das lieber nie wieder.* Oder: *Dad ist gereizt und erschöpft, wenn er von der Arbeit kommt, daher ist es am besten, wenn ich ganz still bin, keine*

Ansprüche stelle und möglichst unsichtbar bin, denn sonst schreit er mich an. Manchmal leiden wir den Rest unseres Lebens unter diesen schädlichen, auf der Grundlage von überholten »Wahrheiten« entstandenen Grenzen. Wir verkennen, dass das, was wir für eine Tatsache halten, genau genommen eine durch unsere eigenen Erfahrungen geprägte Wahrnehmung der Realität ist und dass viele dieser Erfahrungen aus einer Zeit stammen, in der wir noch keine vollständigen Sätze bilden konnten und es für eine grandiose Idee hielten, uns Erbsen in die Nase zu stecken.

Zum Glück gibt es noch eine andere Möglichkeit. Wir wachen auf und erkennen, dass wir unsere Überzeugungen hinterfragen können, statt uns ihnen ein Leben lang blind zu fügen, obwohl sie gar nicht mehr zu uns passen: *In unserem Freundeskreis bin immer ich dafür zuständig, Partys zu schmeißen, Campingtouren zu organisieren, Konzerttickets zu besorgen, Stornierungen vorzunehmen und umzuplanen, wenn anderen etwas dazwischenkommt. Wisst ihr was? Ich bin es leid. Und ich bin erschöpft. Ich träume schon davon, im Supermarkt umzufallen, damit ich hinausgetragen werden muss und sich zur Abwechslung mal alle anderen um mich kümmern. Sollte ich in meinen Träumen nicht eher mit einem Tablett voller Cocktails neben mir am Strand liegen? Warum habe ich das Gefühl, ein schlechter Mensch zu sein, wenn ich andere um Hilfe bitte? Ist das wirklich so?* Wenn wir es auf unserem Weg durchs Leben schaffen, diese hinderlichen alten »Wahrheiten« aufzudecken, können wir uns von ihnen lösen, uns Sichtweisen aneignen, die uns in dem unterstützen, was wir anstreben, und lernen, die nötigen Grenzen zu setzen: *Meine Bedürfnisse zu ignorieren, ist Mist. Ich höre jetzt auf, mich so zu verhalten, als bekäme ich Ärger von Dad, wenn ich meine*

Meinung äußere, mache mir nicht mehr vor, alles allein schaffen zu können, und bitte jetzt verdammt noch mal endlich um Hilfe.

Das, was wir für wahr oder nicht wahr halten, gibt vor, welche Grenzen wir setzen oder nicht setzen.

Egal, ob wir uns dessen bewusst sind oder nicht, wir treffen immer Entscheidungen darüber, welche Grenzen wir setzen – gesunde, ungesunde oder gar keine. Je nachdem, wie wir erzogen wurden, wie reif wir sind, wie die aktuelle Situation beschaffen ist und wie viele Cocktails wir intus haben, stehen wir entweder für unsere Bedürfnisse und die anderer ein, oder wir werfen sie den Wölfen zum Fraß vor.

Wir alle können zahllose peinliche Geschichten darüber erzählen, wie wir uns auf verschiedenste Weisen lächerlich gemacht haben, aber die meisten unserer Abgrenzungsprobleme lassen sich einer der folgenden drei Kategorien zuordnen:

Die drei gängigen Formen gescheiterter Grenzziehung

1. **Das bequeme Ja**
Wir sagen zu allem Ja, weil wir Auseinandersetzungen vermeiden, andere nicht enttäuschen, nicht egoistisch wirken oder uns wichtig und gebraucht fühlen wollen.

2. **Das blockierende Nein**
Wir sagen zu allem Nein, weil wir Angst haben, gesehen, enttäuscht, als Enttäuschung betrachtet, verurteilt, verletzt oder für unfähig oder bedürftig gehalten zu werden. Daher verschanzen wir uns hinter einer Mauer, statt Grenzen zu setzen, die uns ermöglichen, uns voll zu entfalten.

3. **Die absolute Kontrolle**
Wir versuchen, andere Menschen zu kontrollieren, unsere Probleme auf sie abzuladen und/oder uns zu sehr in ihre Probleme einzumischen. Wir suchen uns Menschen, die dieses Verhalten fördern und/oder fördern es selbst, um uns nicht mit unserem Leben auseinandersetzen zu müssen. Wir sehnen uns nach dem Gefühl, die Kontrolle zu haben, gebraucht und geliebt zu werden und nicht allein zu sein.

In einem gewissen Maß legen die meisten von uns alle drei dieser Verhaltensweisen an den Tag, abhängig davon, was gerade unser Anliegen ist, wie unsere aktuellen Umstände aussehen und welcher »Glückspilz« unsere fehlgeleitete Grenzsetzung im jeweiligen Augenblick triggert. So kann es beispielsweise sein, dass wir alle Anfragen unseres Chefs, die über unseren eigentlichen Aufgabenbereich hinausgehen, mit Ja beantworten, bis wir völlig erschöpft und verbittert sind, Einladungen zu Partys und Blind Dates grundsätzlich ablehnen, weil wir befürchten, in unangenehme Situationen zu geraten und abgewiesen zu werden, und uns unseren Kindern gegenüber kontrollwütig verhalten, indem wir uns in Bereiche ihres Lebens einmischen, die uns nichts angehen: *Ich habe die klobigen schwarzen Stiefel weggeschmissen, die du immer und überall trägst, und dir stattdessen Schuhe besorgt, die etwas … femininer aussehen.*

Eine der Hauptursachen unnötiger Dramen ist nicht beziehungsweise nicht ausreichend gelebte Grenzsetzung.

Schlecht – im Sinne von unzureichend – gezogene Grenzen machen uns nicht zu schlechten Menschen, sondern einfach nur zu ganz normalen Leuten, die sich gegen Leid und Einsamkeit schützen wollen, indem sie Verhaltensweisen an den Tag legen, die letztendlich genau das auslösen, was sie verhindern wollten – haha, reingefallen! Die gute Nachricht ist, dass du dir einfach darüber klar werden musst, wann und wo deine Grenzziehung eher suboptimal ausfällt, um dem ganzen Prozess anschließend ein Upgrade zu verpassen. *Egal, wie unangenehm und/oder angsteinflößend dir das erscheinen mag*, nur so erlangst du eine gewisse Kontrolle über dein Leben zurück. Eine *gewisse* Kontrolle – niemand hat jemals die absolute oder vollständige Kontrolle über irgendetwas, aber wir können unsere Lebensqualität mit Sicherheit ein Stück weit verbessern, indem wir lernen, klügere Entscheidungen zu treffen.

Unsere Verwirrung in Sachen Grenzen ergibt sich daraus, dass wir nett sein, anderen eine Freude machen, liebenswürdige, hilfsbereite, umgängliche, einfühlsame, beliebte Menschen sein wollen – und glauben, die meisten dieser Ziele am besten erreichen zu können, indem wir unsere Grenzen missachten. Wir betrachten sie fälschlicherweise als problematische, störende, starre Barrieren, die andere von uns fernhalten. Wenn wir Grenzen setzen, befürchten wir, es könne so wirken, als würden wir Ansprüche oder Ultimaten stellen oder uns verschanzen. Unsere Sorge ist, wir könnten einen abweisenden, kontrollwütigen, strengen und im schlimmsten Fall egoistischen Eindruck bei anderen hinterlassen. Dabei ist es kein bisschen selbstbezogen, klar zu benennen, wer man ist und wofür man zur Verfügung steht – im Gegenteil, es erleichtert die Beziehungen zu anderen. Wenn du deinen Teenagerkindern erklärst, dass du in der halben Stunde, die du dir jeden Nachmittag nimmst, um zu lesen und zu meditieren, auf keinen Fall gestört werden willst, es sei denn, die Polizei ist im Spiel, tust du damit dir selbst etwas Gutes, aber auch den Kindern. Sie bekommen durch diese Grenzsetzung und die Zeit der Erholung nicht nur eine entspanntere, aufmerksamere Mutter, die ihre eigenen Bedürfnisse achtet, sondern erleben gleichzeitig ein hervorragendes Beispiel für gelungene Grenzsetzung. Außerdem lernen sie, die Grenzen anderer zu respektieren, was ebenso wichtig ist.

Führe dir vor Augen, wie befreiend es ist, wenn dir jemand genau sagt, was er denkt, was er braucht und was er zu tun bereit ist. Selbst wenn die Grenzen, die diese Person zieht, für dich und deine Bedürfnisse unbequem oder hinderlich sind, tut es doch unheimlich gut, zu wissen, wo jemand steht, statt seine Gedanken lesen, einen Eiertanz aufführen oder irgendwie herausfinden zu müssen, ob das abendliche Theater samt zugeknallten Schubladen und schweigend auf dem Teller herumgeschobenem Kartoffelbrei nun auf etwas zurückgeht, das du gesagt oder getan hast, oder doch auf etwas ganz anderes.

Gute, klar gesetzte Grenzen nützen allen Beteiligten. Groll, Erschöpfung, passiv-aggressive Verhaltensweisen und Schuld- oder Pflichtgefühle nützen niemandem.

Das Problem ist: Wenn wir tapfer für uns selbst einstehen und erklären, dass wir von nun an nicht mehr täglich das Abendessen für alle auf den Tisch bringen werden, weil wir einem

Chor beigetreten sind und abends Probe haben, werden die Vorteile dieser neu gesetzten Grenze häufig nicht unmittelbar von allen erkannt. Vor allem nicht von den Menschen, die uns am wichtigsten sind. Bei meinen Vorträgen zum Thema Selbstentfaltung bekam ich in den rund zehn Jahren, seit ich sie halte, fast jedes Mal die Frage gestellt: *Was soll ich tun, wenn die Menschen, die mir nahestehen, meine Entwicklung nicht gutheißen?*

Diese Frage kommt deshalb so häufig auf, weil die Veränderungen, die sich ergeben, wenn wir an unserer Persönlichkeit arbeiten – und uns dementsprechend neue Gewohnheiten zulegen und Grenzen ziehen –, bei unseren Liebsten oft auf Widerwillen stoßen, denn:

1. **Sie können nun nicht mehr vorhersagen, wie du dich verhältst,** und da sie Menschen sind, lieben sie es bekanntlich, recht zu behalten. Wenn (und falls) sie dein neues Ich dann irgendwann verstehen und akzeptieren, können sie wieder recht haben, was sie mit der ganzen Sache versöhnen wird. Sollten sie dein neues Ich niemals verstehen und akzeptieren, werden sie sich dagegen auflehnen (siehe unten).

2. **Du hast dich von einem bekannten Wesen in ein neues, unbekanntes Wesen verwandelt, und wir Menschen fürchten das Unbekannte mit der gleichen Inbrunst, mit der wir recht haben wollen.** Wenn man es herunterbricht, verändert dein neues Ich im Leben der Menschen, die dich umgeben, einen Aspekt ihrer »Realität«. Denn das, was sie bisher für real gehalten haben, trifft plötzlich

nicht mehr zu, und das macht ihnen Angst. Außerdem deutet es darauf hin, dass sich weitere Teile ihrer Realität in Luft auflösen könnten: *Wenn meine beste Saufkumpanin keinen Alkohol mehr trinkt und in ihrem Haus kein Schnaps mehr erlaubt ist, was kommt dann danach? Welche Grundpfeiler meiner Welt zerbröckeln als Nächstes vor meinen Augen?*

3. **Du zeigst ihnen, dass Veränderungen möglich sind.** Im Grunde erteilst du ihnen einen unerbetenen Ratschlag, einfach nur, indem du bist, wie du bist: *Da ich mir ein besseres Leben erschaffen kann, könnt ihr das auch.* Wenn die anderen für diese Botschaft noch nicht bereit sind, wenn sie sich lieber weiter an das Altvertraute klammern wollen, das ihnen keine große Freude bereitet, statt die Veränderungen vorzunehmen, von denen sie wissen, dass sie ihnen eigentlich guttäten, reagieren sie mürrisch und vielleicht auch gehässig auf dein neues Ich.

4. **Die Entwicklung und Entfaltung deines neuen Ichs sind im Grunde nur durch den Tod des alten Ichs zu erreichen, und Menschen neigen dazu, ungehalten zu reagieren, wenn man ihnen nahestehende Personen umbringt.** Deshalb reckt dir Joe aus dem Café, der dich kaum kennt, in deiner Mittagspause die flache Hand zum Einschlagen entgegen und ruft: *Super Look!*, wenn du dich entscheidest, deinen Job ernster zu nehmen und dich professioneller zu kleiden, während du von den

Menschen, die dich angeblich lieben – deiner Partnerin/deinen Eltern/deinem besten Freund – eher so etwas zu hören bekommst wie: Hey, *Mr. Schicki-Micki, bist du jetzt zu gut für uns?*

5. **Wenn du dein Leben lang Probleme damit hattest, Grenzen zu setzen, und plötzlich anfängst, für dich und deine Bedürfnisse einzustehen,** gibt es immer Leute, die enttäuscht sind, die ihre privilegierte Position verlieren oder auf ihren Fußabtreter/Hausangestellten/Koch/Chauffeur verzichten müssen und deshalb herumheulen, dich anflehen, als egoistisch beschimpfen oder dir erklären, dass sie es nicht überleben werden, wenn du ihnen nicht mehr die Arbeit abnimmst.

Die Menschen, die uns am nächsten stehen, verlieren am meisten, wenn sie uns verlieren, und sträuben sich daher am heftigsten, wenn wir uns verändern.

Diese Enttäuschung und Furcht (die sich übrigens größtenteils im Unterbewusstsein abspielen, sodass sich die Betroffenen nicht über ihre Emotionen im Klaren sind) bringen die Menschen in unserem engsten Umfeld gern zum Ausdruck, indem sie sich über uns lustig machen, ihre Sorge darlegen, lauter Gründe dafür finden, dass unsere großen Pläne nicht funktionieren werden, uns erklären, man könne einfach keinen Spaß mehr mit uns haben, und in Extremfällen ganz aufhören, mit uns zu reden. Natürlich gibt es auch Freunde und Familienmitglieder, die dich anfeuern und/oder die dein Vorbild dazu anspornt, selbst an sich zu arbeiten. Aber die Möglichkeit, dass diejenigen, die dir am nächsten stehen, erst einmal in Schnappatmung verfallen, muss zumindest erwähnt werden, weil das einer der Hauptgründe dafür ist, warum wir uns weigern, unsere Gewohnheiten so zu verändern, wie wir es gern täten, und die Grenzen zu setzen, die zum Erreichen dieses Ziels notwendig sind.

Gewohnheiten zu verändern und neue Grenzen zu setzen, verlangt Mut, Kühnheit und eine Menge Selbstliebe.

Da wir kein Interesse daran haben, uns vor lauter Angst, dass andere sich unwohl fühlen könnten, die Dinge und Erfahrungen zu versagen, die uns innerlich zum Strahlen bringen, soll es nun darum gehen, wie man Grenzen richtig setzt.

Um dir dabei zu helfen, exzellente Grenzen zu definieren, die dich voranbringen und deinen neuen Gewohnheiten den nötigen Raum verschaffen, damit diese Wurzeln schlagen können, und um dir zu einer aufrichtigeren Beziehung zu den Menschen in deinem Umfeld zu verhelfen, werden wir die drei gängigen Formen der gescheiterten Grenzziehung jetzt einmal genau unter die Lupe nehmen:

1. **Ja-Sager sein + jede noch so kleine Konfrontation = Ja, wenn du eigentlich lieber Nein sagen willst**
   Ständig alles zuzusagen, obwohl du viel lieber ablehnen würdest, ist das berühmteste Problem mangelnder Abgrenzung. Viele Menschen versuchen auf diese Weise, geliebt und akzeptiert zu werden, und das gilt vor allem für Frauen, dank der patriarchalen Gesellschaft, in der wir aufgewachsen sind und die uns vermittelt hat, dass es nicht damenhaft sei, für uns selbst und unsere Bedürfnisse einzustehen oder unser eigenes Wohl in den Mittelpunkt zu stellen. Dieser Botschaft des Patriarchats brüllen wir jetzt einmal ein von Herzen kommendes: *Leck mich doch* entgegen. Okay? Okay.
   Und so sieht ein typisches »Ja-wenn-man-eigentlich-Nein-sagen-will«-Szenario aus:
   Stell dir vor, du begleitest eine Freundin zum Shoppen, und sie probiert einen ganzen Stapel Kleider für eine wichtige berufliche Veranstaltung durch. Ihr seid schon seit Stunden zusammen unterwegs, aber jetzt musst du nach Hause, weil deine Kinder heute bei deinem Ex-Mann sind und der bevorstehende Abend der einzige ist, an dem du dir etwas Leckeres zu essen bestellen, ein Bad nehmen, eine Gesichtsmaske auflegen, zur Ruhe kommen und einen Film schauen kannst. Du träumst schon seit Tagen von

nichts anderem, weil du dich die ganze Woche über um alles kümmern musstest und dich höllisch abgerackert hast. Stattdessen lässt du dich von deiner Freundin dazu bequatschen, trotzdem noch zu bleiben. Sie sagt Dinge wie: *Schließlich habe ich dir geholfen, ein Kleid für die Hochzeit deines Bruders auszusuchen. Du hast einen viel besseren Blick dafür, was mir steht. Die Veranstaltung ist superwichtig für mich. Ich brauche dich jetzt einfach. In zehn Minuten sind wir fertig, versprochen.* Sie trägt richtig dick auf und appelliert an deine Schuldgefühle, und ehe du es dich versiehst, gibst du ihrem Bedürfnis nach einer Shopping-Begleiterin nach, statt dir den nötigen Freiraum für dein Bedürfnis nach einem Verwöhnabend zu verschaffen. Dank deines Unvermögens, Grenzen zu setzen, verbringst du noch ein oder zwei Stunden im Geschäft, bevor du schließlich nach Hause fährst, dir irgendetwas zu essen reinschiebst und auf dem Sofa einschläfst – mit viel Wut auf die Freundin und auch auf dich selbst im Bauch und noch dazu mit ungereinigter Haut. Es ist ein Jammer.

Stattdessen hättest du auch eine eindeutige Grenze ziehen können: Du hättest deiner Freundin sagen können, dass du den Nachmittag mit ihr sehr genossen hast und dass sie dich unbedingt darüber auf dem Laufenden halten solle, für welches Kleid sie sich letztendlich entscheidet, dass du aber nun einmal früh zu Hause sein müsstest und deshalb jetzt aufbrichst. So überträgst du die Verantwortung für die Gefühle und die Reaktion der Freundin ihr selbst, statt sie selbst zu übernehmen. Die gesetzte Grenze erinnert dich und deine Freundin daran (auch wenn sie es nicht zugeben oder erkennen will), dass es letztendlich ihre Entscheidung ist – und nicht deine Sache –, ob sie a) enttäuscht und/oder sauer, b) beeindruckt und beflügelt durch deine klaren Worte und deinen entschlossenen Akt der Selbstfürsorge, c) dankbar für die gemeinsam verbrachte Zeit oder d) eine Mischung aus allem sein will.

Hier sind ein paar gute Ansätze, wie aus einem ungewollten Ja bei Bedarf ein Nein werden kann:

- **Mach eine Bestandsaufnahme deiner Bedürfnisse.** Wähle eine neue Gewohnheit aus, die du dir gern aneignen würdest, und überlege, welche Grenzen du dafür setzen musst. Wenn du beispielsweise vorhast, einen wöchentlichen Podcast über deine Lieblingsbands herauszubringen, musst du viel recherchieren, die technische Seite zum Laufen bekommen, möglicherweise jemanden für Produktion und Technik engagieren, einen Aufnahmeplatz einrichten und den Podcast einsprechen. Die wichtigste neue Grenze, die du zu setzen hast, wird wahrscheinlich darin bestehen, dir die nötige Zeit frei zu halten. Von nun an kannst du vielleicht nicht allen Ansprüchen deiner Familie gerecht werden, kannst dich nicht um alle Einkäufe kümmern, jederzeit parat stehen, wenn die Kinder ins Shoppingzentrum wollen, und dir die amüsanten, aber langatmigen Geschichten deines Mannes über »Schmalzlocken-Stan« von der Arbeit anhören. Möglicherweise musst du auch hin und wieder Nein zu deinen Freunden sagen, auf das regelmäßige Mittagessen mit den Mädels verzichten oder weniger ausgiebige Telefonate führen.

Dann sind da noch die Grenzen, die du dir selbst setzen musst – das Nein zur Zeitverschwendung in den sozialen Medien, zu den unzähligen Bildern von Tierbabys im Internet. Wahrscheinlich kommst du nicht drum herum, dir deine Zeit ganz allgemein sehr genau einzuteilen. Und auch destruktiven Gedanken wie: *Wer zum Teufel bin ich, dass ich meine Meinung für so wichtig halte und einen Podcast mache?* musst du ein hartes Nein entgegensetzen, um sie loszuwerden. Erteile allen deinen Ängsten eine Absage: der Furcht, dich vor einem Meer aus unbekannten Online-Zuhörern zum Idioten zu machen, der Furcht, dass niemand in deiner Show zu Gast sein will, und der Furcht, dass du den Podcast schon nach wenigen Wochen satthaben könntest.

Außerdem wirst du Nein zu Freunden sagen müssen, die ihre (schlechten) Lieblingsbands in der Show unterbringen wollen, und zu schlechten Bands, die gern dabei wären.

Wenn du dir schon vorab die Zeit nimmst und überlegst, welche Neins dich am meisten Überwindung kosten werden, bist du vorbereitet und lässt dich nicht aus der Bahn werfen, wenn es dann tatsächlich an der Zeit ist, Nein zu sagen. Es hilft dir, stark zu bleiben.

- **Setze dich mit deinen Ängsten auseinander.** Höchstwahrscheinlich wird sich bei der Bestandsaufnahme deiner Bedürfnisse und der dazugehörigen Neins irgendeine Art von Angst in dir regen, denn ansonsten hättest du nicht ständig Ja zu allem gesagt. Eine hervorragende Methode, um die Angst zu entschärfen, besteht darin, sie aufzuschlüsseln. Formuliere konkret, wovor du dich fürchtest: *Ich habe Angst, dass meine Freundin Mary sauer auf mich ist, wenn ich ihre heiß geliebte Panflötengruppe nicht in meinen Podcast einlade.* Was passiert dann? *Dann fühle ich mich schuldig.* Und dann? *Dann herrscht dicke Luft zwischen uns.* Und dann? *Dann wird Mary vermutlich irgendwann darüber hinwegkommen oder eben nicht.* Und dann? *Dann sind wir entweder wieder befreundet wie zuvor, oder sie spricht nie wieder ein Wort mit mir.* Und dann? *Dann wende ich mich wieder meinem normalen Leben zu, so oder so.* Das Ergebnis dieser Zerlegungsübung ist fast immer relativ unspektakulär. Und oft auch etwas peinlich, weil man feststellt: Sollte Mary ihre Enttäuschung überwinden, sind deine Ängste praktisch unbegründet, und wenn sie beschließt, nie wieder ein Wort mit dir zu wechseln, weil du vernünftige Entscheidungen hinsichtlich einer Sache triffst, die sie letztendlich gar nichts angeht und in Wahrheit auch überhaupt nicht weltbewegend ist, gehört sie ohnehin nicht zu der Sorte Mensch, mit der du befreundet sein willst.

  Eines möchte ich an dieser Stelle aber erwähnen: Wenn sich deine Ängste so massiv anfühlen, dass du sie nicht überwinden kannst, wenn sie eine echte, lähmende Macht auf dich ausüben, krieg deinen Hintern hoch und mach eine Therapie. Einige unserer Abgrenzungsprobleme wurzeln extrem tief, und da es dir dieses Mal ja ernst damit ist, dein Leben zum Besseren zu verändern, steht eine Therapie ganz weit oben auf der To-do-Liste, solltest du mit Hindernissen zu kämpfen haben, die du allein nicht bewältigen kannst.

- **Steh zum Nein.** Ja zu sagen, wenn eigentlich ein Nein angebracht wäre, ist eine Gewohnheit wie jede andere. Fange daher an, dich als eine Person zu betrachten, die ohne Probleme Nein sagt, die für sich einsteht und ihre eigenen Bedürfnisse respektiert, die größere Angst davor hat, ein unauthentisches Leben zu führen, als angebrüllt zu werden.

Wenn wir Nein zu den Bedürfnissen anderer sagen, sind wir nett zu uns selbst, nicht gemein ihnen gegenüber.

Ja, in Beziehungen muss man immer auch Kompromisse eingehen, aber es gibt einen Unterschied zwischen Kompromissen und ständiger Selbstverleugnung. Du kannst dich um die Menschen kümmern, die du liebst, UND deine eigenen Bedürfnisse respektieren. Wenn du immer nur Ja sagst, kommst du selbst zu kurz (und förderst außerdem das schlechte Verhalten anderer). Gute Grenzen haben viel mit Selbstliebe zu tun. Sei jemand, der sich selbst und andere liebt, und du wirst bemerken, dass das Wort *Nein* keine Schuldgefühle auslöst, sondern dir Kraft verleiht.

- **Mach dir bewusst, bei wem du besonders aufpassen musst.** Wir alle haben Menschen in unserem Leben, bei denen es uns extrem schwerfällt, Nein zu sagen, so sehr wir es auch wollen. Überlege dir, wer besonders gut darin ist, dich argumentativ schachmatt zu setzen, dir Schuldgefühle zu machen, an dein Herz zu appellieren oder dir höllische Angst einzujagen. Dann kannst du dich rechtzeitig wappnen und mit einem entschiedenen, sachlichen Nein parieren, wenn diese Menschen dir zusetzen.
- **Trainiere auf sicherem Terrain.** Übe, indem du in Situationen Nein sagst, die für dich nicht emotional aufgeladen sind. Sag Nein zur Dame am Parfümtresen, die dir einen Probespritzer anbietet, zur neugierigen Nachbarin, wenn diese dich das nächste Mal auf einen Cocktail plus Lästerstunde über die Campbells von gegenüber einlädt, zum Elternvertreter, der dich zum Spendensammeln überreden will, zur Verkäuferin, die dir einen Stapel Oberteile in die Umkleidekabine bringt, weil sie dir ihrer Meinung nach gut stehen würden.

Sag einfach *Nein*. Es macht Spaß! Und wenn du es schaffst, dich nicht zu entschuldigen, gibt das Extrapunkte.

- **Lerne die Sprache des Neins.** Die Kunst des Nein-Sagens besteht darin, deutlich, freundlich, sofort, entschieden und konsequent abzulehnen. *Nein* ist ein einfaches, kurzes Wort und kommt ohne langwierige, komplizierte Erklärungen, Rechtfertigungen, Entschuldigungen, Emotionen, Ausreden oder Rückzieher aus.

  Hier sind ein paar allgemeine Regeln für ein gutes Nein:

  - **Es geht um dich, nicht um dein Gegenüber.** Sage nicht: *Du willst ständig ewig lange telefonieren, das halte ich nicht mehr aus, niemand auf der Welt hat so viel Zeit.* Sondern: *Ich muss meine Zeit am Telefon begrenzen, weil ich gerade sehr viel um die Ohren habe, daher können wir uns nur noch einmal pro Woche sprechen.* Lass die Emotionen aus dem Spiel. Versuch nicht zu erraten, was die andere Person denkt, und mach dir keine Sorgen, dass sie sauer werden könnte. Du bist nur für deine Seite des Gesprächs verantwortlich, und wenn der andere sich aufregt, ist das sein Problem, nicht deines.
  - **Verwende direkte Formulierungen und komm sofort auf den Punkt,** zum Beispiel: *Bitte ruf mich an, bevor du mich besuchst. Vielen Dank, dass ihr alle zu meiner Party gekommen seid, aber ich gehe jetzt ins Bett, also husch-husch. Ich*

fühle mich nicht wohl damit, Fremde zu umarmen, aber es freut mich, Sie kennenzulernen. Und der Klassiker: *Nein danke.* Wirkungsvolle Nein-Sätze beginnen häufig mit: *Ich werde (nicht) …, Ich kann nicht …, Ich mag es nicht …, Ich habe nicht vor …, Ich würde es begrüßen …*

- **Verschaff dir einen Puffer.** Da es Situationen geben wird, in denen man dich auf dem falschen Fuß erwischt, und auch der Nein-Muskel erst trainiert werden muss, darfst du, wenn du nervös oder verlegen wirst und ein liebes, nettes *Ja* wie die einfachste Lösung wirkt, ruhig zu Antworten greifen wie: *Das kann ich jetzt gerade nicht entscheiden.* Oder: *Lass mich darüber nachdenken.* Oder: *Ich muss erst einen Blick in meinen Kalender werfen, ich melde mich später.* Erwarte nicht gleich von dir, in der ersten Liga der Nein-Sager zu spielen, sondern lege dir ein paar solcher Sätze zurecht, um dir im Zweifelsfall Zeit zu verschaffen. So durchbrichst du die Gewohnheit, sofort zuzusagen, nur um unangenehmen Situationen zu entkommen.

2. Nein-Sager sein + jeglicher Zukunftsgedanke, der dir Unbehagen bereitet = Nein, obwohl es eigentlich besser für dich wäre, Ja zu sagen.

Meine Mutter ist irrsinnig lustig. Sie zählt zu den Menschen, die jeder Situation etwas Komisches abringen können, so schlimm oder herzzerreißend oder öde sie auch sein mag. Eines wunderschönen

Frühlingsnachmittags beispielsweise saßen Mom und ich in meinem Garten, inmitten eines traumhaften Meeres aus blühenden Blumen, beobachteten die fröhlich zwitschernden Vögel und genossen die laue Brise. Wir schwiegen andächtig und sogen die Atmosphäre in uns auf, überwältigt von Frieden, Schönheit und Dankbarkeit – zumindest dachte ich das, bis Mom den Bann brach und sagte: »Ich fände es schrecklich, ein Vogel zu sein. Sie müssen sich ihre Häuser mit dem Gesicht bauen.« Solche Sprüche sind bei meiner Mutter an der Tagesordnung, aber wie so viele andere Leute nutzt sie den Humor auch, um sich dahinter zu verstecken und Kummer und Unbehagen zu überspielen. Sobald sie mit einem Gespräch oder einem Gefühl konfrontiert ist, das ihr unangenehm ist, reißt sie einen Witz.

Mom wurde von wohlmeinenden, aber ziemlich strikten Puritanern erzogen, die fest davon überzeugt waren, dass Gefühle um jeden Preis zu vermeiden seien, und wenn sich jemand doch nicht beherrschen konnte und ihm eine Regung entfuhr, hatte er dafür gefälligst aus dem Zimmer zu gehen. Mir selbst ist es mithilfe jahrelanger Therapien und qualvoller Bemühungen, mein bebendes kleines Herz zu öffnen, zum Glück gelungen, dieser Familientradition der eisern unterdrückten Gefühle zu entkommen. Doch eine Meisterin der Offenheit bin ich trotzdem noch nicht. Man stelle sich vor: Ich habe Freunde, die im Falle einer Krise oder eines Zusammenbruchs einfach *zum Telefon greifen und mich anrufen* und dabei so hemmungslos schluchzen, dass sie kaum atmen oder sprechen können. Während ich völlig regungslos am anderen Ende der Leitung hänge und verblüffter bin, als wenn sie nackt und nur mit einem Paar Schuhe bekleidet vor meiner Tür stehen würden. Meistens melden sich diese Freunde dann später erneut bei mir, zerknirscht und peinlich berührt, aber in meinen Augen ist diese Form offen ausgelebter Verletzlichkeit absolut beeindruckend, mutig und überaus reif.

Mit anderen Worten: Solltest du eine Tendenz zum Nein haben und eher um jeden Preis alles allein machen wollen, anstatt um dringend benötigte Hilfe zu bitten, weiß ich genau, wie du dich fühlst.

Wenn wir im Zweifel lieber Nein sagen statt Ja, haben wir Angst, dass es andere Menschen abschrecken könnte, unsere – gefühlt – schwache, kaputte, bedürftige und lästige Seite zu sehen. Wir wollen es nicht riskieren, um Liebe zu bitten und dann am Boden zerstört zu sein, falls man uns abweist. Wir wollen es nicht riskieren, uns dem Spott preiszugeben oder von den Bedürfnissen anderer erdrückt zu werden. Stattdessen gehen wir lieber auf »Nummer sicher« und behalten die Zügel in der Hand, indem wir unsere Gefühle, unsere Umgebung und unsere Herzen einem strengen Regime unterwerfen. Wir verschanzen uns hinter: *Mir geht es gut, kein Problem, alles in Ordnung*, während wir den Elefanten – bildlich oder konkret – allein die Treppe hinaufwuchten.

Grenzen sind keine starren Mauern. Sie atmen und bewegen sich mit den Entwicklungen des Lebens und den Umständen.

Ich habe ewig gebraucht, um einen Assistenten, eine Geschäftsführerin und einen Buchhalter für mein Unternehmen einzustellen, selbst als es finanziell lief, weil ich so darauf versteift war, alles allein zu machen, und nichts aus der Hand geben wollte. Ich habe auch schon ganze Zimmer samt aller Möbelstücke umgeräumt, ohne jemanden um Hilfe zu bitten. Und einmal an Tag 1 nach einer schmerzvollen Trennung mit Freunden zusammen deren Garten bepflanzt, wobei ich vorgab, mit einer Erkältung zu kämpfen, während ich hin und wieder Richtung Klo rannte und dort verstohlen vor mich hin schluchzte, statt ihnen einfach zu sagen, dass es mir hundeelend ging. Mit dem Alter bin ich viel besser darin geworden, Grenzen zu setzen, und seit ich 50 bin, fällt es mir noch einmal deutlich leichter, Dinge zu sagen wie: *Ja. Nein. Klingt so, als hättest du ein Problem.* Oder auch: *Verschwinde, aber sofort* – je nachdem, was die Situation gerade verlangt. Mein Vater, der 92 Jahre alt wurde, hat es auf den Punkt gebracht: »Ich weiß nicht, ob wir älter und weiser oder einfach älter und müder werden.« Ich glaube, es ist ein bisschen von beidem: Je älter wir werden, desto mehr haben wir (hoffentlich) aus unseren Erfahrungen im Umgang mit unserem eigenen Bullshit und dem der anderen gelernt. Außerdem fehlt uns schlicht die Energie für das Drama, das schlecht gesetzte Grenzen mit sich bringen. Aber keine Angst, du musst nicht warten, bis du mit einer Hand an der schmerzenden Hüfte durch die Gegend humpelst, um die richtigen Grenzen zu ziehen. Du kannst jetzt gleich damit anfangen: Mach dir bewusst, wie deine Muster aussehen, übe, dich zu bremsen, wenn du Gefahr läufst, die wirklich wichtigen Grenzen zu missachten, stehe tapfer für dich ein und behaupte dich. Für Menschen, deren Problem ein Hang zum *Nein* ist, können folgende Methoden hilfreich sein, um die Mauern einzureißen und dem *Ja* freie Bahn zu verschaffen.

- **Mach eine Bestandsaufnahme deiner Bedürfnisse.** Wenn du dazu neigst, zu allem Nein zu sagen, fällt es dir wahrscheinlich schwer, überhaupt anzuerkennen, dass du Bedürfnisse hast. Um ihnen auf die Spur zu kommen und herauszufinden, in welchen Bereichen du dich ein bisschen öffnen könntest, nimm dir eine Gewohnheit vor, die du dir gern zulegen würdest, und spiele damit die folgende Übung durch. Sagen wir einmal, du willst dir angewöhnen, fünfmal pro Woche Tennis zu spielen. Dafür musst du natürlich erst einmal Mitspieler finden, und dann musst du zulassen, dass jeder, der auf dem Platz steht, dich und deine misslungenen Schläge sieht. Wenn du deine Rückhand verbessern willst, musst du einen Tennistrainer engagieren oder jemanden von einem der Nachbarplätze ansprechen, der offensichtlich über eine super Technik verfügt, und ihn um Rat bitten. Du musst zusagen, auch an den Tagen auf dem Platz zu stehen, an denen dir eigentlich gar nicht danach ist, weil du deine Spielpartner sonst im Stich lässt. Du musst dir die nötige Zeit freiräumen und vielleicht einen Freund bitten, die Kinder von der Schule abzuholen, oder es deinem Lebensgefährten überlassen, den Klempner zu empfangen, weil du zu dem Zeitpunkt ein Match hast.

- **Setze dich mit deinen Ängsten auseinander.** Wenn du, wie oben beschrieben, Ja zum Tennis sagst, könnte das verschiedene Ängste in dir auslösen: Wenn du andere Menschen fragst, ob sie mit dir spielen wollen, lehnen sie vielleicht ab, und dann fühlst du dich zurückgewiesen. Oder sie sagen Ja, aber du stellst nach ein paar Einheiten fest, dass sie den Ball auf Teufel komm raus nicht über das Netz bringen oder dass sie unerträgliche Quasselstrippen sind, und dann stehst du da. Oder die anderen kommen zu dem Schluss, dass du zu schlecht bist oder dass sie dich nicht mögen, und du fühlst dich ausgestoßen. Außerdem sieht es vielleicht albern aus, wenn du vor den Augen der anderen einen Ball verschlägst, oder du verlierst die Beherrschung oder stolperst beim Siegestanz über das Netz und machst dich zum Gespött aller

Anwesenden. Möglicherweise empfindest du es als unangebracht und unangenehm, deine Freunde und deinen Lebensgefährten um Unterstützung zu bitten, oder du stellst fest, dass du Tennis nicht ausstehen kannst, und bist wahnsinnig genervt, dass du überhaupt je Zeit und Geld darauf verschwendet hast.

Sobald du deine Liste mit möglichen Ängsten erstellt hast, überlege dir, welche dir wirklich zusetzen. Nehmen wir als Beispiel die Befürchtung, deine Tennispartner entdecken, dass du einfach nicht gut genug bist und dass sie dich nicht mögen. Was, wenn es so kommt? *Dann steht uns wahrscheinlich ein unschönes Gespräch bevor, in dem sie mir erklären, dass es einfach nicht passt, oder ich erfinde eine Ausrede, um das Tennisspielen aufzugeben.* Was dann? *Dann stehe ich dumm da, und es ist mir peinlich.* Was dann? *Dann müsste ich mir vermutlich andere Leute suchen, mit denen ich spielen kann.* Unangenehm? Ja. Ein Weltuntergang? Nein. Und trotzdem hat die Angst vor dieser Situation bisher dafür gesorgt, dass du im Muster des *Nein* feststeckst. Aus diesem Grund ist die nächste Übung, in der es darum geht, zum *Ja* zu stehen, so wichtig für dich.

- **Steh zum Ja.** Ständig Nein zu sagen, hat viel damit zu tun, dass wir unser Ego schützen wollen, wahnsinnige Angst vor Kritik, Zurückweisung oder übertriebener Inanspruchnahme durch andere haben oder einen Kontroll- oder Liebesverlust fürchten. Je mehr du zu jemandem wirst, der nichts persönlich nimmt, desto leichter wird es dir fallen, dich zu öffnen. Sieh dich selbst als einen Menschen, dem es gar nichts ausmacht, wenn er eine Abfuhr erhält oder eine nervige Tennispartnerin darüber informieren muss, dass er jemand Neuen und Passenderen gefunden hat. Nimm die Dinge nicht so schwer. Mach dir klar, dass wir nur weiterkommen, indem wir *Ja* sagen, und dass das Leben viel mehr Freude macht, wenn wir es in vollen Zügen auskosten. Stell dir das Wort *Ja* als leicht, flauschig und strahlend hell vor und *Nein* als dunkel, einsam und schwer. Sei dankbar für die Leichtigkeit, die Hilfe, Liebe und Freude, die das *Ja* in dein Leben bringt, und öffne dich, zumindest einen Spalt weit.

- **Mach dir bewusst, bei wem du besonders aufpassen musst.** Welchen Menschen gegenüber fällt es dir am schwersten, dich zu öffnen, und warum? Nimm die genauen Umstände unter die Lupe, schlüssele mögliche Ängste auf, die sich regen, und taste dich Schritt für Schritt vor. Wenn du beispielsweise diese eine Freundin hast, die dich seit Ewigkeiten bewundert, und du dich davor scheust, in ihrer Gegenwart verletzlich oder schwach zu wirken, weil du sie nicht enttäuschen willst, fang damit an, eine kleine Sorge oder ein kleines Problem mit ihr zu besprechen und sie um Hilfe zu bitten. Wenn du bei jemandem, den du liebst, befürchtest, dass er dich völlig in Beschlag nehmen könnte, sobald du ihm die Chance dazu gibst, öffne dich ihm gegenüber nur ganz langsam, Millimeter für Millimeter. Sag ihm beispielsweise, dass du nur zehn Minuten Zeit hast, aber sehr gern mit ihm über seine gerade erlittene Trennung reden würdest. Finde für dich heraus, mit wem du dir eine engere Beziehung wünschst, und überlege dir konkrete Themen, nach denen du diese Personen fragen, oder Dinge, die du für sie tun könntest. So tastest du dich langsam an ein innigeres Verhältnis heran.

- **Trainiere auf sicherem Terrain.** Bitte einen Fremden, dir die Tür aufzuhalten, oder gewöhne dir an, anderen die Tür aufzuhalten. Mach einer guten Freundin ein unerwartetes Kompliment oder erweise deinem Partner einen Gefallen, um den er nicht gebeten hat – und stelle fest, wie gut sich das anfühlt. Unternimm so viele kleine »ja-artige« Dinge, wie dir einfallen, um dein Gehirn neu zu verdrahten und ihm einzuprägen, dass ein *Ja* etwas Gutes ist.
- **Lerne die Sprache des Ja.** Die Sprache des Ja zu lernen, bedeutet, die Augenblicke zu kennen und zu erkennen, in denen es dir guttut, den Panzer rund um dein Herz aufzubrechen und dich zu öffnen. Lerne, um Hilfe zu bitten, Rat einzuholen, Zuwendung einzufordern und dir deine anderen Bedürfnisse zu erfüllen, wie auch immer diese aussehen, und lasse andere wissen, dass du wiederum für sie da bist. Komm zur Ruhe, lausche in dich hinein, und fange an, auf deine Gefühle zu hören

und sie anderen zu offenbaren. Wenn du lernen willst, Ja zu sagen, wirst du ein kleines bisschen unbehagliches »Peinlich-berührt-Sein« aushalten müssen:

- **Denke daran, dass du zwar der Star in deinem eigenen Leben bist, aber nur maximal ein Nebendarsteller im Leben anderer.** Fang ruhig an zu heulen, wenn die Tierärztin Bootsy Rodriguez, deine zahnlose alte Katze, für eine Biopsie in den Nebenraum mitnimmt, statt die Tränen herunterzuschlucken. Tierärzte sehen häufig Menschen weinen, es ist nichts Besonderes für sie.
- **Äußere deine Meinung, formuliere deine Bedürfnisse.** Sag anderen Menschen, dass du sie liebst, wenn dich die Gefühle überwältigen. Gib zu, dass du Angst hast, einsam bist oder jemanden gebrauchen könntest, der vorab einen Blick auf dein Dating-Profil wirft, obwohl du schon beim Gedanken daran, es online zu stellen, am liebsten vor Scham unter die Bettdecke kriechen würdest. Auch wenn du glaubst, es gar nicht nötig zu haben, werden dir deine Bemühungen, Zuneigung zu zeigen und zu akzeptieren, dabei helfen, neue Bewegung in die scheinbar unverrückbaren und festgefahrenen Aspekte deines Lebens zu bringen.
- **Akzeptiere, dass gute Kommunikation harte Arbeit ist.** Du kannst dir ruhig eingestehen, dass es dir schwerfällt, dich zu öffnen, also

sei nicht so streng mit dir und vertraue darauf, dass auch jeder andere, der es wert ist, eine engere Beziehung zu ihm einzugehen, Nachsicht zeigen wird.

3. **Ein Kontrollfreak sein + Dinge/Personen/Situationen, die du kontrollieren willst oder die dich kontrollieren wollen = ein trüber Sumpf aus Isolation, Ablehnung und selbstschädigenden Verhaltensweisen.**
Meine Schwester Jill ist fünf Jahre jünger als ich, und wie in vielen »Große-Schwester-kleine-Schwester«-Beziehungen sah sie früher sehr zu mir auf, während ich die meiste Zeit nur die Augen verdrehte und versuchte, den ewigen Klotz am Bein loszuwerden. Außer ich war hungrig. Dann spielten wir ein »Spiel«, das darin bestand, dass ich zu ihr sagte: »Lauf nach unten, mach mir und meiner Freundin ein paar Sandwiches mit Erdnussbutter und Marmelade und gieß uns ein Glas Milch ein, wenn du schon dabei bist. Wir stoppen deine Zeit. Mal sehen, ob du deinen Rekord von, äh, 6 Minuten und 27 Sekunden toppen kannst!« Jill flitzte in die Küche, und meine Freundin und ich wandten uns wieder unseren Puppen zu, mit denen wir gerade Zahnarzt spielten, bis Jill kurze Zeit später mit unserem Mittagessen eintraf. Natürlich hatte ich mir nicht die Mühe gemacht, die Zeit zu stoppen, und gab daher einfach irgendeine Schätzung ab, wenn sie mit gespanntem und erwartungsvollem Gesichtsausdruck vor mir stand (und ziemlich niedlich aussah,

wie ich rückblickend schuldbewusst zugeben muss). »Hey, 6 Minuten und 47 Sekunden. Nah dran! Beim nächsten Mal schaffst du es. Und jetzt raus hier.«

Kontrollsucht kommt in vielen Gestalten daher. Manche Menschen manipulieren andere so, dass diese Dinge für sie erledigen, die sie normalerweise nicht tun würden, indem sie sie als »Vergnügen« ausgeben. Andere sind brillant darin, ihren Mitmenschen Schuldgefühle einzureden oder sie zu verführen. Wieder andere sind Meister der Zermürbungstaktik, bis sie haben, was sie wollen. Und manche sind einfach Tyrannen. Die meisten Kontrollfreaks interessieren sich nicht die Bohne für die Grenzen anderer Menschen und stören sich nicht groß daran, wenn jemand Nein sagt – sie überhören es einfach.

Eine andere beliebte Form der Kontrolle besteht darin, sich übermäßig in das Leben anderer einzumischen, indem man ihnen ständig ungefragt Ratschläge gibt, mehr Zeit mit der Verbesserung ihrer Lebensumstände als mit der Arbeit an den eigenen verbringt und/oder sich mit aller Macht in ihren Alltag hineindrängt: *Ich werde mich gut um meine frisch geschiedene Freundin und ihre Kinder kümmern; ich ziehe bei ihnen ein, koche für sie und mache mich ganz allgemein unverzichtbar, damit ich total wütend und gekränkt sein kann, wenn sie einen neuen Freund findet und mich nicht mehr braucht.*

Nimm dir einen Augenblick Zeit und überlege, in welchen Bereichen es dir an richtigen Grenzen rund um das Thema Kontrolle fehlen könnte. Achte dabei auf verborgene Anzeichen, denn Kontrollsucht kann sich auch als simple Hilfsbereitschaft tarnen, als Bedürfnis, jemand anderen zu beschützen, oder als Freundschaftsbeweis. Überprüfe, welche Rolle du im Leben anderer spielst, und hinterfrage deine Motive: Willst du wirklich nur helfen? Drängst du dich auf, um dich gebraucht zu fühlen? Bist du vielleicht sogar ein wenig besessen? Höre auf deine Intuition, und wenn diese dir sagt, dass dir irgendjemand in deinem Leben unangenehm nahe gekommen ist, vertraue diesem Gefühl. Nimm dein Verhalten und deine Motive rund um das Thema Kontrolle genau unter die Lupe, und überlege dir auch, wie sich die Handlungen der Menschen in deinem Umfeld für dich anfühlen, während wir unsere mittlerweile schon bekannte Übung durchgehen. Da Abgrenzungsprobleme rund um das Thema Kontrolle sich in mancher Hinsicht von den beiden bisher behandelten Kategorien unterscheiden, habe ich den Ablauf ein wenig angepasst:

- **Mach dir bewusst, bei wem du besonders aufpassen musst.** Sei ganz ehrlich zu dir und überlege, welche Menschen in deinem Leben du zu kontrollieren versuchst und wessen Leben am untrennbarsten mit deinem verwoben ist. Gibt es eine Freundin, bei der du dich täglich, vielleicht sogar mehrmals täglich meldest und die du als platonischen Ersatz für eine partnerschaftliche Beziehung benutzt? Gibt es jemandem, dem du ständig ungefragt Ratschläge erteilst und bei dem du übermäßig viel Zeit auf Grübeleien darüber verwendest, wie er sein Leben »auf die Reihe« bekommen könnte? Lässt du deinen Assistenten dein Büro saugen, muss er in deinem Auftrag nervige Nachrichten von deinem Ex beantworten, oder überträgst du ihm andere Dinge, die nicht in seinen Aufgabenbereich fallen? Erstickst du dein Kind mit deiner emotionalen Bedürftigkeit, indem du deine Einsamkeit, Ängste, Eheprobleme und dein Bedauern darüber, zu Studienzeiten nicht mehr herumexperimentiert zu haben, auf es ablädst, anstatt dass du mit Freunden, deinem Partner oder einem Therapeuten darüber sprichst?

- **Mach eine Bestandsaufnahme deiner Bedürfnisse.** Welches Bedürfnis willst du stillen, indem du versuchst, das Leben anderer in Ordnung zu bringen? Fühlst du dich dadurch gebraucht, klug, stärker wahrgenommen, geliebt oder mächtig? Bemühst du dich vielleicht deshalb so sehr, die Ehe deiner Freundin zu retten, weil du dich nicht mit den Problemen deiner eigenen auseinandersetzen willst? Willst du dadurch, dass du deinen Nachbarn dazu bringst, nach seinem eigenen auch deinen Rasen zu mähen, eine Verbindung zu ihm herstellen, damit du dich weniger einsam fühlst? Welches Loch versucht dein Kontrollbedürfnis zu stopfen?
- **Setze dich mit deinen Ängsten auseinander.** Welche Ängste kommen auf, wenn du dir vorstellst,

die oben aufgelisteten Dinge einfach loszulassen? Sagen wir einmal, du ziehst dich ein Stück weit aus den Eheproblemen deiner Freundin zurück. Du bist immer noch für sie da, aber nicht mehr ständig verfügbar, um jede Textnachricht ihres Mannes auseinanderzunehmen, hörst dir nicht mehr jeden Abend bei einer Flasche Rosé ihre Beschwerdelitanei an und verbringst auch nicht mehr deine gesamte freie Zeit damit, lustige Cartoons über die Dummheit der Männer zu suchen und ihr zu schicken. Stattdessen ziehst du eine Grenze und machst der Freundin klar, dass du weiterhin dafür zur Verfügung stehst, Lösungen auszuloten, aber nicht dafür, dir das ewige Rumgejammere anzuhören. Diese Einschränkung verschafft dir Raum, dich mit deinem eigenen Leben auseinanderzusetzen. Welche Ängste kommen dabei auf? Vielleicht schiebst du es schon lange vor dir her, deinem Mann zu erzählen, dass du deinen lukrativen Job als Anwältin aufgeben willst, um Glasbläserin zu werden, und dass er eine Zeit lang für einen Großteil der gemeinsamen Kosten aufkommen muss? Möglicherweise scheust du dich vor dem Eingeständnis, dass deine Ehe freudlos ist und du sie beenden solltest, oder du fürchtest dich vor dem Gedanken, nutzlos zu sein, nicht gebraucht zu werden und keine »Kontrolle« über das Leben anderer zu haben? Mach dir deine Ängste bewusst, schlüssele sie auf und entlarve sie als die kleinen Würstchen, die sie sind.

- **Stehe zum Loslassen.** Stell dir vor, wie du dich zurücklehnst und dem Menschen, dem du am engsten auf die Pelle gerückt bist, dabei zusiehst, wie er sein Leben ohne dein Mitwirken auf die Reihe bekommt. Sieh dich selbst als gelassenen, hilfsbereiten, geliebten, wertgeschätzten Menschen, der andere bei Bedarf gern unterstützt, sie wenn nötig aber auch ihre eigenen Erfahrungen machen lässt. Betrachte dich als eine eigenständige, vielschichtige, liebevolle Person, die in der Lage ist, das zu erreichen, was sie sich im Leben wünscht.
- **Lerne die Sprache des Loslassens.** Wenn wir aus einer loslassenden Haltung heraus kommunizieren, geht es vor allem darum, Vertrauen zu spüren und keine Angst. Trainiere, dich bestimmten Anwandlungen zu widersetzen: etwa dem Impuls, einzugreifen, zu besänftigen, anzuprangern, Vorträge zu halten, gegen etwas anzukämpfen oder auch nur zuzustimmen. Atme tief durch, nimm das Tempo heraus und besinne dich bei deinen ersten Schritten im Prozess des Loslassens auf folgende Punkte:
  - **Manchmal ist die Sprache des Loslassens das Schweigen.** Übe, einfach zuzuhören, anstatt Ratschläge zu erteilen und Vorschläge zu unterbreiten. Trainiere Sätze wie: *Brauchst du Hilfe? Was kann ich für dich tun? Bist du auf der Suche nach Ideen oder nur nach jemandem, der zuhört? Danke für dein Hilfsangebot, aber ich glaube, ich muss das allein bewältigen.* Und: *Ich helfe dir gerne mit X, aber bei Y kann ich nichts ausrichten.*

- **Mach dir klar, dass wir nicht nur mit unserer Stimme sprechen.** Achte darauf, wann Körpersprache und Wortwahl von jemand anderem darauf hindeuten, dass er eigentlich *Hau ab* oder *Nein danke* oder *Kümmere dich um deinen eigenen Kram* meint, und verhalte dich entsprechend.

Je besser du darin wirst, gesunde Grenzen zu setzen und die Grenzen anderer zu respektieren, desto einfacher, erfolgreicher und schöner wird dein Leben und das aller anderen verlaufen. Die Fähigkeit, notwendige Grenzen zu erkennen, zu ziehen und beharrlich auf ihnen zu bestehen, wird dir helfen, im aktiven Umgang mit deiner neuen Gewohnheit das nötige Durchhaltevermögen zu erlangen, das dir bei deinen bisherigen Versuchen vielleicht gefehlt hat. Hammermäßig Grenzen zu setzen, ist die Geheimwaffe aller Gewohnheits-Superhelden.

Lässt sich nicht mehr aufstacheln: Jim (45)

Ich habe regelmäßig mit einem sehr anstrengenden, aggressiven Menschen zu tun, der mich jedes Mal auf die Palme bringt. Da ich mich aber unbedingt beherrschen wollte und keine Lust mehr hatte, auf ihn anzuspringen und in Rage zu geraten, beschloss ich, es mir zur Gewohnheit zu machen, ganz ruhig zu bleiben und innerlich auf Distanz zu gehen, sobald der Kerl loslegte. Seither denke ich immer bei mir: *Jetzt dreht er auf ... Lass ihn, aber lass dich nicht davon anstecken.* Das ist leicht, wenn sich sein Zorn nicht gegen mich richtet, weil es sich dann nicht wie eine Attacke anfühlt und der »Kampf-oder-Flucht«-Reflex ausbleibt. Doch wenn die Auseinandersetzung persönlich wird, was schon vorgekommen ist, fällt es mir schwer, innerlich ruhig zu bleiben und mich zu beherrschen – vor allem, weil ich den Drang verspüre, den Kerl in seiner Aggressivität noch zu übertrumpfen. Doch gerade die Tatsache, dass ich diesen Impuls verspüre, hält mich davon ab. Ich nutze den Impuls als Hinweis darauf, mich zurückzunehmen.

Der negative Drang, etwas zu tun, lässt sich in einen positiven Ansatzpunkt überführen: Wenn du spürst, dass du wütend wirst, kannst du das als Erinnerung daran nutzen, innezuhalten, durchzuatmen und die richtige Entscheidung zu treffen.

An dem Punkt mache ich mir jedes Mal bewusst, dass meine Reaktion in meiner Hand liegt und ich bedacht handeln kann. Ich spüre, wie es in mir kribbelt, wie meine Hände kalt werden und sich mein Körper versteift – alles gleichzeitig. Und dieses körperliche Unbehagen löst einen kurzen inneren Monolog in mir aus. Ich ermahne mich dazu, mich zu beruhigen und bewusst ein- und auszuatmen, um dem Adrenalinstoß entgegenzuwirken. Ich erkenne an, was ich gerade spüre, und gestehe mir den Ärger über das Verhalten des anderen zu, lasse mich aber nicht durch meine Emotionen in die Sache hineinziehen. Dann führe ich mir vor Augen, dass die nächsten Worte aus meinem Mund eine Wirkung haben werden, und frage mich, welche Wirkung ich erzeugen möchte: Ich will mich uneingeschränkt wohlfühlen, aber auch gehört und respektiert werden.

Nach dieser kurzen Interaktion fühle ich mich bestärkt und gefestigt, während ich früher stundenlang völlig überdreht und wütend gewesen wäre. Ich empfinde mein Handeln nicht als Passivität oder Billigung, sondern als Zeichen der Stärke, weil ich selbstreflektiert agiere und in der Nanosekunde, in der sich das alles abspielt, eine ausgereifte, schwierige und gute Entscheidung treffe.

Kapitel 3

Die Verwandlung in das neue Ich

Eine Freundin wies mich vor Kurzem auf eine Angewohnheit hin, von der ich gar nicht wusste, dass ich sie hatte. Anscheinend schmatze ich nach einem Schluck eines besonders köstlichen Getränks mit den Lippen und sage *Ahhh!* Ich bin mir sicher, dass meine hörbare Freude über ein herausragendes Geschmackserlebnis anfangs ironisch gemeint war, aber weil ich es so oft tat, wurde mein plakativer Genuss zu einer Gewohnheit, die mich – zu meiner absoluten »Schrecklustigung« – auch dann überkommt, *wenn ich allein bin.*

Das, worüber wir uns am meisten lustig machen, eignen wir uns an. Spotte mit Weitblick.

Unser Leben ist nur so mit Gewohnheiten gespickt – Gewohnheiten, deren wir uns bewusst sind, Gewohnheiten, von denen wir keine Ahnung haben, Gewohnheiten, die wir lieben oder hassen, Gewohnheiten, die wir lieben UND hassen, und Gewohnheiten, die einfach sind, was sie sind: *Na so was, ich ziehe heute schon wieder eine Unterhose an.* Ich glaube nicht, dass die meisten von uns viel Zeit damit verbringen, über die Gewohnheiten, die sie haben oder nicht haben, nachzudenken, aber wenn wir uns bewusst eine neue aneignen wollen, ist es von Vorteil, den bisherigen Bestand unter die Lupe zu nehmen, denn:

- Es ist motivierend, sich vor Augen zu führen, wie viele exzellente Gewohnheiten man bereits hat.
- Uns die weniger glorreichen Gewohnheiten bewusst zu machen, ermöglicht uns, sie zu ändern.
- Es ist immer gut, wenn wir uns die Zeit nehmen, uns selbst besser kennenzulernen.
- Aus der Betrachtung bestehender Gewohnheiten lassen sich hilfreiche Tricks und vermeidbare Hürden ableiten, was sich wiederum als praktisch erweisen kann, wenn du gerade dabei bist, dir neue zuzulegen.

Um mit deinen bereits vorhandenen Gewohnheiten auf Tuchfühlung zu gehen, nimm bitte dein Notizbuch und erstelle drei Listen: eine mit fünf guten Gewohnheiten, die du anscheinend schon immer hattest (Verhaltensweisen, bei denen du dich nicht konkret daran erinnern kannst, sie dir antrainiert zu haben, die aber sehr wohl Teil deiner Persönlichkeit sind), eine mit fünf Gewohnheiten, die du dir bewusst und erfolgreich angeeignet und/oder abtrainiert hast, und eine mit fünf Gewohnheits-*Upgrades*, die du gern vornehmen würdest.

Anfangs fällt es dir vielleicht schwer, genügend Punkte für jede Liste zusammenzubekommen, aber gib nicht auf. Ich verspreche dir, je länger du darüber nachdenkst, desto mehr Ideen werden dir kommen. So sahen diese Listen bei mir aus:

- **Fünf gute Gewohnheiten, die ich immer schon gehabt habe**: Ich bin ordentlich, sage immer und umgehend *Danke* und *Bitte*, ermutige andere bei ihren Vorhaben, zeige Dankbarkeit und bleibe an jeder Blume stehen, um daran zu riechen.
- **Fünf bewusst erschaffene oder abgelegte Gewohnheiten**: Ich habe aufgehört zu rauchen, trinke jeden Morgen nach dem Aufwachen Wasser, melde mich täglich bei meiner Mutter, kann Stress jetzt schneller ausblenden und bin emotional ausgeglichener und zugänglicher.
- **Fünf Upgrades, die ich gern vornehmen würde**: Ich wünsche mir mehr Entschleunigung, wäre gern eine aktivere Aktivistin, würde mich gern weniger beklagen, nicht mehr grunzen, wenn ich mich aus einem Sessel erhebe (noch eine Gewohnheit, die als Witz begann und die ich jetzt sogar in der Öffentlichkeit praktiziere – und zwar laut), und möchte gern mehr singen.

Studien haben ergeben, dass wir, um uns eine Gewohnheit wirklich nachhaltig anzutrainieren, an unsere Fähigkeit zur Veränderung glauben müssen. Auch wenn es bei dir bisher noch keine Hinweise darauf gibt, dass du erfolgreich auf die gewählte Gewohnheit einwirken kannst, ja, sogar wenn du es *nachweislich* versucht hast und gescheitert bist, musst du dennoch daran glauben, dass es dir gelingen kann – ansonsten bist du nur halbherzig bei der Sache, und dann klappt es auch nur halb (oder gar nicht).

Schau dir die ersten beiden Listen, die du erstellt hast, noch einmal an: die guten Gewohnheiten, die offenbar deiner natürlichen Veranlagung entspringen, und die, an denen du bewusst gearbeitet hast. Feiere dich einen Augenblick lang dafür, wie grandios und kompetent du bist. *Du* hast diese Gewohnheiten zu einem Teil deiner Persönlichkeit gemacht, ob bewusst oder unbewusst, was bedeutet, dass dir das Gleiche auch mit den Gewohnheiten von Liste Nummer drei, den angestrebten Verbesserungen, gelingen kann.

Daran zu glauben, dass wir zu etwas fähig sind, fällt uns am leichtesten, wenn es einen Beweis dafür gibt. Aber wenn du etwas vorhast, das du entweder noch nie versucht hast oder woran du bisher gescheitert bist, lässt sich der Glaube, dass es möglich ist, anfangs am besten erzeugen, indem man sich bewusst dazu *entschließt*, daran zu glauben. Und das ist nicht so schwierig, wie es vielleicht klingt. Wir Menschen tun es ständig, auch wenn es wenige oder keine Beweise dafür gibt, dass etwas tatsächlich stimmt: Wir entschließen uns, an Gott zu glauben. Wir haben einst beschlossen zu glauben, dass es möglich ist, zum Mond zu fliegen. Wir beschließen zu glauben, dass unser neuer Freund nicht gefühlskalt, abweisend und desinteressiert ist, weil er diesen echt beeindruckenden Bizeps und ein Boot hat. Glaube ist ein Muskel, und wenn wir eine störrische alte Gewohnheit ablegen wollen, obwohl es uns nicht leichtfällt, ist der unverrückbare Beschluss der perfekte Trainer, um unsere Glaubenskraft auf Vordermann zu bringen.

Ein Beispiel: Als ich mich entschied, nicht länger arm zu sein, glühte die Überzeugung, dass ich eines Tages finanziell erfolgreich sein könnte, wie ein klitzekleiner Funke in mir, der aber so klein und schwach war, dass ich eine Festung aus Entschlossenheit um ihn herum bauen musste, damit er nicht erlosch. In der Anfangsphase beschloss ich, lauter Dinge zu tun, die erledigt werden mussten, mir aber eine Höllenangst einjagten – ich überwand mein Gefühl, eine Hochstaplerin zu sein, und verkündete der Welt, dass man mich als Coachin buchen könne, erstellte eine Webseite mit einem Foto, auf dem ich Make-up trug, und verlangte realistische Summen für meine Dienste. Dabei hielt ich die ganze Zeit über nach Beweisen Ausschau, dass das, was ich mir wünschte, wirklich möglich war. Diese Entscheidung stärkte langsam, aber sicher meinen Glauben daran, dass ich, Jen Sincero, eines Tages die Gebühr für ein aufgegebenes Gepäckstück bezahlen würde, statt mich mit allen meinen Pullis übereinander ins Flugzeug zu setzen, weil sie nicht ins kostenlose Handgepäck passten. Es ist nicht so, als wäre ich zu Beginn dieses Weges restlos davon überzeugt gewesen, tatsächlich viel Geld verdienen zu können, aber ich beschloss, daran zu glauben.

Wenn wir beschließen, etwas zu verändern, lässt die Überzeugung nicht lange auf sich warten.

Sobald du eine Gewohnheit ausgewählt hast, an der du den Rest des Buches über arbeiten willst, werde ich dir zeigen, wie du deine allmächtige Entschlossenheit dafür nutzen kannst, sie tief in dir zu verankern. Nimm dir dafür jetzt die dritte Liste vor, die du erstellt hast – die mit den fünf Gewohnheits-Upgrades, die du anstrebst – und greife entweder eine von ihnen oder eine andere erwünschte Eigenschaft, die dir sehr am Herzen liegt, heraus. Idealerweise fällt deine Wahl auf etwas, das dich wirklich beflügelt, aber nicht so gigantisch ist, dass du aufgibst, noch ehe du die bevorstehenden Schritte durchgearbeitet hast: *Ich werde ab morgen jeden Tag 15 Kilometer joggen gehen, obwohl ich letztens beim Sprint durch den Flughafen auf halber Strecke zum Gate einen Rollstuhl herbeirufen musste. Es wird schon klappen – schließlich war ich im Studium Langstreckenläuferin.* Das Ziel besteht darin, den Prozess der Gewohnheitsbildung in allen Facetten zu verfolgen und echte Ergebnisse zu erzielen – nicht darin, dass du die Sache völlig frustriert am ersten Tag an den Nagel hängst oder dir eine Zerrung holst.

Bitte wähle eine – und wirklich nur eine – Gewohnheit aus, die du dir entweder aneignen willst oder von der du es nicht erwarten kannst, sie endlich los zu sein. Es sollte etwas sein, das dir das Gefühl verschaffen kann,

- endlich der Mensch zu sein, der zu sein dir vorherbestimmt ist
- neue Macht erlangt zu haben
- deine Lebensqualität verbessert zu haben
- etwas geleistet zu haben (was bedeutet, dass die neue Gewohnheit realistisch erreichbar sein muss, aber dennoch weitreichende und bedeutende Auswirkungen haben und zum Angeben taugen sollte).

Bevor du dich zu sehr an der Gewohnheit selbst aufhängst, überlege dir, aus welcher Motivation heraus du dich gerade für sie entschieden hast, und stell sicher, dass du die klügste Wahl getroffen hast. Wenn du beispielsweise unbedingt 15 Kilo abnehmen willst, aber Diäten hasst und bisher keine länger als ein paar Wochen durchgehalten hast, solltest du dich vielleicht nicht unbedingt darauf versteifen, abzunehmen, indem du auf deine Lieblingsspeisen verzichtest, sondern dir stattdessen die Gewohnheit aneignen, das zu essen, was dir schmeckt, nur eben weniger davon. Wenn es dein größter Wunsch ist, deine Beziehung zu deinem Partner zu verbessern, erreichst du das möglicherweise nicht in erster Linie dadurch, regelmäßig zusammen auszugehen oder gemeinsam zu kochen, sondern indem du ihm besser zuhörst, deine Wertschätzung zeigst oder dir in Erinnerung rufst, warum du mit ihm zusammengekommen bist, und dafür dankbar bist. Ich habe die Gewohnheit, ein Glas Wein zu trinken, wenn ich Gerichte mit Tomatensoße oder ein Steak esse, stelle aber auch fest, dass ich in letzter Zeit überhaupt nichts vertrage: Ein Glas reicht, und ich kann nicht schlafen und bin am nächsten Tag völlig verkatert. Ich habe mit dem Gedanken gespielt, ganz auf Alkohol zu verzichten, aber das kam mir etwas übertrieben vor, wenn man in Betracht zieht, dass ich ohnehin kaum trinke. Also habe ich mir einen kleinen Sake-Becher besorgt, aus dem ich meinen Wein jetzt schlürfe (schmatz, *ahhhh!*), und dieser Fingerhut gestattet mir, eine geringe Menge zu genießen, ohne am nächsten Tag leiden zu müssen. Ich habe mir meinen Wunsch nach weniger Katergefühl erfüllt, indem ich die Menge reduziert habe (leichter umzusetzende Gewohnheit), nicht indem ich vollständig verzichte (schwerer umzusetzende Gewohnheit), und es wirkt. Nimm dir einen Augenblick, um zu überlegen, wie du deine angestrebte Gewohnheit am besten so ausgestalten kannst, dass du das erwünschte Ziel erreichst, statt dich auf kalten Entzug zu setzen, in der Vergangenheit gescheiterte Ansätze zu wiederholen oder dir einfach das vorzunehmen, was alle anderen tun oder dir raten.

Sobald feststeht, wie deine neue Gewohnheit genau aussehen soll, verfestige deinen Entschluss, indem du dir bis ins letzte Detail ausmalst, wie es sich anfühlen wird, das Ziel erreicht zu haben. Tauche in die Emotionen ein, die die Vorstellung, dieser neue Mensch zu werden, in dir weckt. Mach den Weg, der vor dir liegt, zu einer viel wichtigeren Erfahrung als die Gewohnheit selbst (denn das ist er). Verinnerliche das Selbstbild des Menschen, der du sein wirst, wenn du dir die Gewohnheit angeeignet hast, und verliebe dich in ihn. Mach dir klar, dass dein Vorhaben ein Akt der Selbstliebe und des Respekts dir selbst gegenüber ist, dass das Ausbilden dieser Gewohnheit bedeutet, dass du an dich glaubst und alles unternimmst, was nötig ist, um deinem wunderbaren Ich genau das zu geben, was es sich wünscht und verdient.

Richte deine Aufmerksamkeit auf das Verlangen hinter der Gewohnheit, nicht auf die Gewohnheit selbst.

Die Entscheidung, dein Leben ändern zu wollen, bedeutet, dass du stillschweigend zu dem Schluss gekommen bist, du seist zu diesem neuen Ich fähig und seiner würdig. Ein besseres Leben anzustreben, ist im Grunde nichts anderes, als sich etwas zu gönnen: Es ist, als würde man zu sich selbst sagen: *Liebes Ich, du bist mir wichtig, und deshalb rolle ich dir den roten Teppich aus.* Herumzusitzen und nichts zu tun, die eigene Gesundheit und Zufriedenheit zu ignorieren und dir einzureden, es fehle dir an Selbstdisziplin, um das zu verändern, was du gern verändern würdest, ist auch eine Entscheidung – eine Entscheidung, die bedeutet, dass du zu der Ansicht gelangt bist, du seist unfähig und desinteressiert an dieser neuen Gewohnheit oder hättest sie vielleicht gar nicht verdient. Ich weiß, ich weiß – warum sollten wir so mit unserem lieben, süßen Ich umspringen? Da du dieses Buch in der Hand hältst, gehe ich davon aus, dass die Sache mit dem roten Teppich genau dein Ding ist, aber zwischendurch gerät jeder einmal ins Wanken, und daher müssen wir immer unsere gesamte Persönlichkeit im Blick haben (und einbeziehen), nicht nur die Teile, die wir stolz der Öffentlichkeit präsentieren.

Sich beider Facetten der eigenen Persönlichkeit bewusst zu sein – des Ichs, das sich selbst verehrt, und des Ichs, das sich für nichts Besonderes hält –, wird dir helfen durchzuhalten. Deshalb möchte ich dich an dieser Stelle bitten, ganz genau aufzuschreiben, wie diese beiden »Identitäten« aussehen und vor allem, wie sie sich anfühlen. Beschreibe, wie der Alltag dieser beiden Versionen deiner selbst aussehen könnte, angefangen bei dem Augenblick, in dem du deine Beine aus dem Bett (oder vom Futon) schwingst, dir einen Kaffee machst und dich anziehst: Welche Sorgen plagen dein selbstzweiflerisches Ich? Worauf freut sich das »Ich-schaffe-das«-Ich beim Gedanken an den Tag? Leuchte beide Versionen deines Lebens in allen Einzelheiten aus, um dir vor Augen zu führen, dass beide Möglichkeiten absolut denkbar sind – es hängt einzig und allein von deinen Entscheidungen ab. Nutze die Ängste und Befürchtungen der eher duckmäuserischen Version, um den Absprung zu schaffen und dich von ihr zu lösen, und den Kitzel und die freudige Erwartung des starken Ichs, um dich davon anziehen zu lassen. Irgendwann wirst du alle Verbindungen zum alten, antriebslosen Ich kappen – du wirst dich nicht einmal mehr daran erinnern, wie es sich anfühlt, dieser Mensch zu sein, wenn du ganz in deinem neuen Leben angekommen bist. Doch die Angst davor, in den alten, blockierenden Gewohnheiten stecken zu bleiben, kann zu Beginn ein hilfreiches Instrument sein, um den Hintern hochzukriegen und zu tun, was nötig ist.

Als ich beispielsweise beschloss, mit dem Rauchen aufzuhören, wollte ich den widerwärtigen Husten und den Zigarettengestank loswerden. Noch wichtiger aber war es mir, endlich ein Mensch zu sein, der auf seine Gesundheit achtet. Ein Mensch, der seinem Körper, der ihm stets treu zu Diensten war, zeigte, dass er ihn liebte. Obwohl ich quasi nichts für diesen Körper tat, er mich aber durch die ganze Welt trug und mir auf so viele verschiedene Weisen Vergnügen bereitete. Ich wollte mich nicht länger frühzeitig aus Kinofilmen schleichen müssen, weil die Nikotinsucht mich nach draußen trieb. Ich wollte selbst die Kontrolle über mein Leben haben, statt sie einem dämlichen Suchtmittel zu überlassen. Heute, da ich schon seit Jahrzehnten nicht mehr geraucht habe, weiß ich kaum noch, wie furchtbar es sich anfühlte, dieser alten

Gewohnheit ausgeliefert zu sein, aber damals waren die abstoßenden Aspekte eine enorme Motivation für mich, tatsächlich aufzuhören. Bei guten Gewohnheiten geht es vor allem darum, wer wir uns entschließen zu sein, weniger darum, was wir uns entschließen zu tun. Daher solltest du dir ganz genau und voller Enthusiasmus ausmalen, wie du deinen Erfolg genießt, und das Szenario, in dem du in den alten Gewohnheiten stecken bleibst, als Negativbild und zur Abschreckung nutzen. Diese Empfindungen und Gefühle können dir helfen durchzuhalten.

Wir sind Geschöpfe, die von den häufig widersprüchlichen Kräften der Emotionen und der Logik angetrieben werden, und wenn es zu einer körperlichen Auseinandersetzung zwischen den beiden käme, würde ich persönlich mein Geld definitiv auf die Emotionen verwetten. Denk doch einmal darüber nach: Wie oft hast du etwas getan, von dem du im vernünftigen, erwachsenen Teil deines Gehirns sehr genau wusstest, dass es eine schlechte Idee ist, das auf dein Herz aber wahnsinnig spaßig oder aufregend oder unwiderstehlich wirkte? *O wow, eine Haustierausstellung? Ich weiß, dass wir noch nie darüber gesprochen haben, uns einen Hund zuzulegen, aber wir müssen diesen Welpen adoptieren, obwohl wir beide wahnsinnig viel um die Ohren haben und uns die beiden Kinder unter drei auch schon ganz schön auf Trab halten, denn … schau dir doch nur seine Nase an! Und natürlich müssen wir dann auch seine Schwester mitnehmen, sonst ist er ja ganz allein.*

Um die neue Gewohnheit wirklich in dir zu verankern, brauchst du den Doppel-Hammer aus Herz und Hirn gleichzeitig. Wir neigen dazu, logischen Argumenten mehr Sendezeit zu geben, daher lautet mein Rat: Mach dir die Mühe, nicht nur einmal kurz in dein Herz hineinzuhören, sondern deine Emotionen immer wieder aufs Neue zu überprüfen.

Dein Herz, nicht dein Hirn, hält das Feuer unter deinem Hintern am Brennen.

Weißt du, wer ohne Probleme für den Rest seines Lebens auf Pommes verzichtet? Der Mann, dem sein Arzt verkündet hat, dass er sich in spätestens zwei Monaten am anderen Ende des Tunnels wiederfindet, wenn er nicht sofort seine Ernährung umstellt. Unser Ziel ist, eine ähnliche Entschlossenheit heraufzubeschwören, in Kopf und Herz und mit einem *Verfluchte Scheiße, klar schaffe ich das!* auf den Lippen, aber ohne dass es dafür ein derart akutes, tödliches Ultimatum braucht.

Entschließe dich, das Selbstbild zu verinnerlichen, das den Wünschen deines Herzens entspricht. Entschließe dich, Risiken einzugehen, Rückschläge zu kassieren, dich lächerlich zu machen, siegreich hervorzugehen und so sehr du selbst zu sein, wie es dir irgendwie möglich ist. Entschließe dich, durch alle fehlgeschlagenen Versuche und Irrwege hindurch zu dir selbst zu stehen. Konzentriere dich ganz auf deine mutige Entscheidung, dein Leben zu verändern, statt auf irgendwelche Perfektionsansprüche oder Erwartungshaltungen. Führe dir vor Augen, was passieren würde, wenn du die Stimme deines Kopfes einfach überhörst – und zwar in allen Details: *Was hat das für Folgen? Wie würde dein weiteres*

Leben aussehen, wenn du dir einredest, dass du nicht haben kannst, was du willst, oder dass es sich nicht lohnt, es überhaupt zu versuchen? Was machst du also aus deiner einzigen Chance, im Verlauf dieses wilden Ritts, der sich Leben nennt, dein wahres Ich auszuleben?

Ich möchte an dieser Stelle betonen, dass dieses neue, Gewohnheiten erschaffende »Feuer-unterm-Hintern«-Programm nur in Bezug auf das funktioniert, was du dir wirklich wünschst. Nicht aber in Bezug auf Dinge, von denen du glaubst, sie wollen zu müssen, oder die andere dir raten. Jeder Mensch ist anders, und während sich der eine nichts Schöneres vorstellen kann, als den ganzen Tag lang mit seinen Ornithologenfreunden zusammenzusitzen und Vögel zu beobachten, träumt die andere vielleicht davon, hungernden Kindern auf der ganzen Welt zu helfen. Dein Leben, deine Entscheidung. Und nicht jeder Mensch hat ein klares Ziel vor Augen, von dem er ganz sicher weiß, dass es seine Bestimmung ist. Vielleicht strebst du eher eine allgemeine Grundstimmung an, oder du willst herausfinden, wofür du wirklich brennst. Es gibt kein Richtig oder Falsch. Richte den Blick auf den Kompass in deinem Herzen und lauf in die Richtung, in die er zeigt.

Hier nun noch ein paar letzte Gedanken, die du auf dem Weg ins Land der neuen Gewohnheiten im Kopf behalten solltest:

1. Bleibe das gesamte 21-Tage-Programm über bei dieser einen Gewohnheit. Mach dir nicht vor, der Prozess wäre deshalb mit der Zeit anstrengend oder langweilig oder nervtötend, weil du eine Gewohnheit ausgewählt hast, die eigentlich gar nicht die richtige für dich ist. Rede dir nicht ein, dass es falsch war, dir hundert Sit-ups am Tag zur Gewohnheit machen zu wollen, weil du dich eigentlich besser für eine allabendliche Dankbarkeitsliste hättest entscheiden sollen. Jede Verbesserung deines Lebens, die den Aufwand wert ist, macht Mühe – ansonsten hättest du dein Ziel ja schon längst erreicht. Die ewige Verlockung des anderen lenkt uns schnell ab und ist die perfekte Ausrede dafür, niemals irgendwelche Fortschritte zu machen, weil es immer unendlich viele »bessere«, neuere und bisher-noch-nicht-langweilige Ideen gibt, zwischen denen wir für den Rest unseres Lebens hin und her springen können. Bleib standhaft, dann wirst du auch siegreich sein.

2. Solltest du doch einmal vom Pferd fallen, steig sofort wieder in den Sattel! Das heißt: Wenn du mit dem Rauchen aufhörst, aber eines Abends leicht einen sitzen hast und an einer Zigarette ziehst, oder wenn du auf der Hochzeit eines Freundes eine Frikadelle isst, obwohl du eigentlich vegan leben willst, vergiss, was geschehen ist, und mach einfach weiter. Der Schlüssel zum Erfolg besteht darin, nach Ausrutschern gleich wieder aufzustehen, statt sich im Scheitern zu suhlen (oder sogar zu schwelgen?) und sich darüber zu beklagen, dass man nicht perfekt ist.

Hinter Perfektionismus versteckt sich oft bloß die Sucht, Dinge aufzuschieben.

Wenn du die neu antrainierten Routinen nach einem Ausrutscher für ein oder zwei Tage schleifen lässt, sind die alten Gewohnheiten wieder da, ehe du dich überhaupt daran erinnern kannst, dass du sie eigentlich loswerden wolltest. Lästige Verhaltensweisen haben einen entscheidenden Heimvorteil, denn sie begleiten dich schon so viel länger (dein ganzes Leben?) als diese grandiose neue Gewohnheit, auf die du gerade hinarbeitest. Daher können sie auch auf deutlich mehr Unterstützung zählen: Sie haben dein Muskelgedächtnis, ein Gefühl von Vertrautheit und dein altes Selbstbild auf ihrer Seite. Wenn du ihnen auch nur einen Zentimeter entgegenkommst, wirft dich das um einen Kilometer zurück. Deshalb ist ein schnelles Abschütteln des Ausrutschers von enormer Bedeutung.
Du kannst jederzeit wieder neu anfangen, ohne Flecken auf der weißen Weste. Ein elementarer Teil des Erfolgs besteht darin, zu verzeihen, zu vergessen, beharrlich zu bleiben und weiterzumachen – und zwar pronto.

3. Wenn du bereits vergeblich versucht hast, dir diese konkrete Gewohnheit anzueignen oder sie loszuwerden, überlege, was du dieses Mal anders machen kannst. Vor allem: Was du dieses Mal anders machen

kannst, *indem du dich aus deiner Komfortzone hinauswagst.* Wenn du dich beispielsweise früher darum bemüht hast, regelmäßig morgens schwimmen zu gehen, das aber nur ein paar Monate lang durchgehalten hast, bis die Sache wieder im Sande verlief, engagiere jemanden, der dir mehrmals pro Woche Schwimmtraining erteilt und dem du a) viel Geld dafür zahlst, mit dem du b) konkrete Ziele vereinbarst und vor dem du c) ein bisschen Schiss hast. Solltest du auf Reisen gehen, suche dir Hotels, die einen Pool haben oder in der Nähe eines Schwimmbads liegen, sodass du deine Gewohnheit im Urlaub beibehalten kannst. Melde dich zu einer Schwimmveranstaltung an, trainiere dafür und erzähle allen deinen Freunden davon. Mach eine Therapie, um mögliche psychologische Blockaden zu erforschen, die dich bisher davon abgehalten haben, dein Ziel zu erreichen.

Wenn du willst, dass sich die Gewohnheit dieses Mal festsetzt, geh die Sache anders an. Beschließe, dass du jemand bist, der es wirklich ernst meint, entwickle das Selbstbild eines Menschen, der diese Gewohnheit bereits gemeistert hat, und betrachte dich selbst und deine Schwimmgewohnheiten nur noch aus dieser Warte.

....

Wenn wir unser Wesen verändern, nehmen wir alles mit anderen Augen wahr: Plötzlich bemerken wir geniale Aspekte

unserer selbst, auf die wir zuvor nie geachtet haben, und wir erkennen, dass wir einfach der Hammer sind.

Das ist ungefähr so, wie wenn du aufwachst und plötzlich weißt, dass das, was alle um dich herum die ganze Zeit über behauptet haben, wirklich stimmt – du bist in deinen besten Freund verliebt. Er selbst hat sich nicht verändert. Du hast ihn nur immer durch die Augen deines alten Ichs gesehen, das ihn eben als Kumpel betrachtete.

4. Achte beim Durcharbeiten des 21-Tage-Programms darauf, welche Techniken bei dir am besten funktionieren, und halte das in deinem Notizbuch fest, damit du immer wieder darauf zurückgreifen kannst.

Arbeite das gesamte Programm so oft durch, wie es nötig ist, bis die neue Gewohnheit auf Autopilot läuft und du die Stützräder, die dieses Buch darstellt, nicht mehr brauchst. Das heißt: Wenn du mit der ersten Runde fertig und bei Tag 21 angelangt bist, dich aber noch ein bisschen wackelig auf den Beinen fühlst, fange wieder bei Tag 1 an und arbeite dich Tag für Tag vor, wenn dir das richtig erscheint. Wenn du das nicht für nötig hältst, pick dir die Tage heraus, die dir beim ersten Mal ganz besonders geholfen haben, falls es solche gab, und wiederhole nur diese statt aller, bis die Gewohnheit tief in dir verwurzelt ist. Wie du dich entscheidest, bleibt dir überlassen – du weißt, was für dich am besten funktioniert.

Wie lange es dauert, bis eine neue Gewohnheit wirklich sitzt, ist individuell verschieden. Ich habe Studien gelesen, in denen von 21 Tagen die Rede war, aber auch schon einmal etwas von 14 Tagen oder 60 Wiederholungen gehört. Meiner Erfahrung und meinen Eindrücken zufolge nimmt jede neue Gewohnheit allerdings genau so viel Zeit in Anspruch, wie sie eben braucht. Ein Beispiel: Nachdem ich Zahnseide 54 Jahre lang eher als »Ja-könnte-man-mal-machen«-Gegenstand betrachtet hatte, vergingen nach einem Besuch bei meiner neuen Dentalhygienikerin, die gleich mit Gesichtsmaske und dieser angsteinflößenden Lupenbrille, mit der man Patienten direkt bis in die Seele schauen kann, auf mich zugekommen war, nur ungefähr 14 Sekunden, bis ich mir angewöhnt hatte, meine Zähne jeden Morgen (und ich meine wirklich JEDEN Morgen) mit Zahnseide zu bearbeiten. Die Hygienikerin hatte eine Menge spitzer und scharfkantiger Instrumente auf einem Tablett platziert und mir eine Reihe Bilder des wunden und halb zerstörten Zahnfleischs derer gezeigt, die ihr Motto »Zahnseide oder zahnlos« nicht ernst genommen hatten. Bis dahin hatte ich mich höchstens einmal nach dem Verzehr eines Maiskolbens dazu bequemt, Zahnseide zu benutzen, oder mit dem Zahnstocher die Überreste von direkt vom Knochen abgenagtem Fleisch entfernt und bei der Gelegenheit auch gleich die anderen Zahnzwischenräume gesäubert, aber seitdem sind weder im Weg stehende Tische und Stühle noch langsame Rentner vor mir sicher, wenn mir auffällt, dass ich an dem Tag noch keine Zahnseide benutzt habe, und ich auf direktem Weg nach Hause renne.

Ich würde vorschlagen, dass wir die bevorstehende Selbsttransformation konzentriert und voller Vorfreude, Nachsicht und Entschlossenheit angehen und uns stets vor Augen führen, dass wir sehr stolz auf uns sein können, weil wir uns Tag für Tag darum bemühen, die Welt zu einem besseren Ort zu machen. Und natürlich gilt:

Vertraue darauf, dass das Universum seine Gaben stets pünktlich liefert.

Hat aufgehört, an den Nägeln zu kauen: Diana (41)

Ich habe mit ungefähr sieben Jahren angefangen, an den Nägeln zu kauen, als sich meine Eltern scheiden ließen, daher hat es mich innerlich viel Mühe gekostet, damit aufzuhören, denn die Gewohnheit saß sehr tief und war mit einem Trauma verbunden. Eine Sache, die mir sehr dabei geholfen hat, war die Therapie, die ich im Erwachsenenalter gemacht habe. Ich habe gelernt, meine Depressionen und Angstzustände in den Griff zu bekommen, und es in diesem Zusammenhang auch geschafft, meine Gefühle nicht mehr an meinen Nägeln auszulassen.

Im Rahmen der Therapie fing ich an, jeden Morgen direkt nach dem Aufwachen meine Gedanken aufzuschreiben, einfach so, wie sie mir durch den Kopf gingen. Schreiben hilft mir in Bezug auf meine Gewohnheiten, weil ich darüber in Verbindung zu meinen Gefühlen und meiner Psyche stehe und ich das, was mich bewegt, zu Papier bringen kann, ohne ungesunde oder unbewusste Ausdrucksformen dafür finden zu müssen.

Abgesehen von der emotionalen Frage setzte ich mich auch mit den körperlichen Aspekten des Nägelkauens auseinander, ganz bewusst. Ich beschloss, jede Woche zur Maniküre zu gehen, und diesen Plan setzte ich extrem gewissenhaft um, genauso wie das Gedankentagebuch. Ich verdrängte meine eklige Angewohnheit des Nägelkauens durch meine neue Angewohnheit, die Maniküre.

Wir können alte Gewohnheiten durch neue Verhaltensweisen brechen, die unmöglich parallel zu den alten existieren können.

Die Maniküre entfernte nicht nur die kleinen Ecken und Risse in den Nägeln, die den Impuls in mir geweckt hätten, daran zu kauen, sondern sorgte auch dafür, dass ich plötzlich dachte: *Hey, da ist ja Nagellack auf meinen Fingern. Den würde ich lieber nicht essen – wer weiß, was da drin ist?* Außerdem waren meine Nägel jetzt so schön, dass ich sie nicht kaputt machen wollte. Auf einmal mochte ich meine Hände, und das war etwas ganz Neues für mich. Bisher waren sie immer ein schwer zu ertragender, blutiger Anblick gewesen, und jetzt sahen sie toll aus und taten nicht mehr weh. Offenbar hatte ich auch die Gewohnheit, zerbissene, schmerzende Hände zu haben, durch die Gewohnheit schöner, gesunder Hände verdrängt. Wie auch immer, das ist jetzt Jahrzehnte her, und ich habe seitdem nie wieder an den Nägeln gekaut.

Kapitel 4

In 21 Tagen zur Hammergewohnheit

Jetzt, da du dich gedanklich vorbereitet und eine Gewohnheit ausgewählt hast, geht es ans Eingemachte. Dieser Teil des Buches ist wie ein Kurs aufgebaut, den du drei Wochen lang durcharbeitest, Tag für Tag. Diese langsame, häppchenartige Herangehensweise schützt dich vor Überforderung, du bleibst am Ball und gibst der neuen Gewohnheit genug Zeit, Wurzeln zu schlagen. Betrachte diesen Kurs als einen Partner, mit dem du einen Pakt geschlossen hast und der nun jeden Morgen bei dir vor der Tür steht und ein hilfreiches Werkzeug, eine neue Erkenntnis, eine beeindruckt hochgezogene Augenbraue, eine ermutigende Umarmung und/oder einen liebevollen Tritt in den Hintern für dich bereithält.

Schreibe die Gewohnheit, die du dir vorgenommen hast, in dein Notizbuch. In Großbuchstaben. Dieses von dir ausgewählte Ziel soll von nun an der Mittelpunkt deiner Gedanken sein und dir als Lehrer, als Muse in Sachen Selbstverwirklichung dienen. Du wirst dich ganz auf diese Gewohnheit konzentrieren und alles in deiner Macht Stehende tun, um sie zu einem Teil deiner selbst zu machen. Sobald du das geschafft hast, wird sie dann nur noch ein normaler Teil deines Lebens sein, nichts Besonderes mehr, und du wirst vermutlich aufhören, sie am Flughafen abzuholen und ihr Blumen zu schicken, weil du ihre Existenz als so selbstverständlich betrachtest, dass du sie kaum noch bemerkst. Da wir von Natur aus alle ständig Wandel anstreben, wirst du deine Aufmerksamkeit anschließend vermutlich auf eine neue, spannendere, reizvollere Gewohnheit richten und verfügst dann über das Selbstbewusstsein, das Know-how und die nötigen Werkzeuge, um dir auch diese zu eigen zu machen.

In diesem Sinne: Los geht's!

Tag 1
Dein mächtiges Mantra

Ich freue mich, dir mitteilen zu können, dass eines der wirkungsvollsten Werkzeuge bei der Arbeit an Gewohnheiten zugleich zu den einfachsten gehört – das allmächtige Mantra. Wir alle greifen ständig auf Mantras zurück, bewusst oder unbewusst: *Ich werde die Schwangerschaftskilos einfach nicht los. Ich habe ein übernatürliches Gespür für freie Parkplätze. Ich habe hässliche Ohren. Das Leben ist schön. Ich gerate immer nur an durchgeknallte Typen.* Schon heute beruht deine bestehende »Realität« auf den Gedanken, Überzeugungen, Mantras, Gewohnheiten und Taten, die du dein ganzes Leben lang ein ums andere Mal wiederholt hast.

Wir erleben das, was wir glauben. Und wir glauben das, von dem wir uns immer wieder erzählen, dass es wahr ist.

Deshalb ist es so effektiv, wenn wir uns auf dem Weg zu einem besseren Leben unseres Mantramülls entledigen und stattdessen bewusst solche Mantras erschaffen, die zu dem passen, wer und wie wir gern sein würden, und diese dann unaufhörlich wiederholen.

Unser Gehirn gleicht einem erwartungsvollen Hund, der uns unbedingt zufriedenstellen will. Es nimmt begierig alle

Informationen auf, die wir ihm hinhalten, springt ins Auto, fährt mit uns überallhin, so absurd das Ziel auch wirken mag, und übernimmt auch unsere Stimmung: *Ich habe keine Ahnung, was gerade los ist, aber die Menschen tanzen durchs Zimmer und lachen, also fange ich an zu bellen, renne im Kreis und pinkele dabei vielleicht sogar ein kleines bisschen auf den Boden.*

Das Gehirn zu trainieren ist, wie einem Hund beizubringen, Befehle wie »Sitz«, »Platz« oder »Hier« zu befolgen – es kommt vor allem auf Klarheit, einfache Abläufe, Belohnungen und ständiges Wiederholen an. Als ich beispielsweise noch die Gewohnheit hatte, immerzu pleite zu sein, und mich endlich entschlossen hatte, die alte »Wahrheit« namens *Ich kann mir das nicht leisten* abzuschütteln, nutzte ich dafür mein neues Mantra: *Geld fließt mir leicht und frei zu.* Dieses neue Mantra funktionierte deshalb so gut, weil die Worte emotional etwas in mir auslösten. Ich wusste, dass Geld einigen Menschen tatsächlich leicht zuströmte, und obwohl ich mir noch nicht darüber im Klaren war, wie das bei mir klappen sollte, sorgte die Aussicht darauf, mich wirklich zu bemühen und die Aussage wahr zu machen, dafür, dass ich Vorfreude und ganz neue Kraft in mir verspürte. Außerdem bewirkte das Mantra, dass ich ständig Ausschau nach jedem noch so winzigen Hinweis hielt, der meine Hoffnung nährte und mich nach weiteren und größeren Anzeichen suchen ließ. All das war ein Antrieb, das Mantra tausendmal am Tag auszusprechen, bis es sich festgesetzt hatte.

Ich will nicht verschweigen, dass mein Mantra *Geld fließt mir leicht und frei zu* auch in meinen Ohren anfangs wahnsinnig abgehoben und pathetisch klang, aber die Formulierung wirkte, weil sie meine konkreten Probleme rund um das

Thema Geld auf den Punkt brachte (dazu gleich mehr). Wenn wir uns jetzt auf die Suche nach dem perfekten Mantra für dich machen und du dabei hin und wieder den Drang verspüren solltest, die Augen zu verdrehen oder leise und verächtlich »als ob« zu murmeln, möchte ich, dass du darüber ganz einfach hinwegsiehst. Ich möchte, dass du stattdessen den Fokus auf diejenigen Emotionen richtest, die die gewählten Worte in dir auslösen, und darauf, wie meisterhaft sie deine Einwände an die Wand nageln. Es ist völlig egal, wie weit hergeholt und albern dein Mantra heute für dich klingen mag. Denn das wird dir absolut schnuppe sein, sobald du in der dadurch heraufbeschworenen Lebensrealität schwelgst. Glaub mir: *Geld fließt mir leicht und frei zu* wirkt heute, da genau das der Fall ist, überhaupt nicht mehr abgehoben und pathetisch auf mich.

Um das richtige Mantra für die Gewohnheit zu kreieren, die du anstrebst, ist es hilfreich, dir die gegenteiligen Mantras und die überhaupt nicht hilfreichen Gedanken anzuschauen, die du aktuell – und sehr oft unbewusst – in Bezug auf die Gewohnheit mit dir herumschleppst. Schnapp dir also dein Notizbuch und lass uns durch die düsteren Ecken deines Kopfes fegen.

Setz dich ruhig hin und stell dir vor, wie du deine neue Gewohnheit auslebst. Mal dir so viele Einzelheiten aus wie möglich und gehe für einen Augenblick lang ganz in dieser neuen und besseren Version deiner selbst auf. Welche konkreten Bereiche deines Alltags haben sich verändert? Wie fühlt sich dein Körper an? Was treibt dich jetzt an? Welche Möglichkeiten, die dir bisher verschlossen waren, stehen dir jetzt offen? Wie beschreibst du dich selbst? Wie siehst du aus? Welche positiven Auswirkungen hat die neue Gewohnheit auf dein Umfeld? Was hat sich sonst noch durch sie verändert? Achte, während du in dein neues Leben eintauchst, die ganze Zeit über darauf, welche Ausreden und Einwände sich in dir regen, und schreib sie sofort auf.

Um noch einmal auf das Beispiel meines früheren von Finanzproblemen geplagten Ichs zurückzukommen: Als ich beschloss, mich ernsthaft an die Arbeit zu machen und richtig Geld zu verdienen, setzte ich mich hin und malte mir aus, wie es sich anfühlen würde, wenn jede Woche 2000- und 5000-Dollar-Schecks in meinem Briefkasten landen würden. Ich stellte mir vor, wie ich den Audi fuhr, den ich mir kaufen wollte. Ich beglich in Gedanken meine ausstehenden Kreditkartenschulden. Ich sah vor mir, wie ich großzügige Trinkgelder gab, Geld spendete und meinen Freunden und Familienmitgliedern Blumen, Flugtickets und Ponys schenkte, und genoss das Gefühl, endlich finanzielle Freiheiten zu haben.

Anfangs erfüllte mich dieser Zukunftstraum mit purer Freude, aber als ich begann, mich damit auseinanderzusetzen, was der Wohlstand im Einzelnen für mich bedeuten würde, quollen auch andere Stimmen aus dem Sumpf meines Unterbewusstseins hervor: *Es ist völlig unmöglich, dass ich je so viel Geld verdienen werde. Woher soll es denn bitte kommen? Von der Einhorn-Bank? Ich kann mir dieses Auto einfach nicht leisten, ganz zu schweigen von den Reparatur- und Benzinkosten – hallo?! Ich bin einfach nicht der Typ Mensch, der viel verdient. Und selbst wenn es durch irgendein Wunder doch klappen sollte, würden mich alle, die ich kenne, für eine Verräterin halten. Meine Freunde würden sich über mich lustig machen, es mir verübeln oder sich plötzlich so verhalten, als wäre ich etwas Besseres, und sich von mir abwenden. Um viel Geld zu verdienen, müsste ich Dinge tun, auf die ich überhaupt keine Lust habe, was mir echt schwerfallen würde, und ich kann mir ohnehin nicht vorstellen, dass der Geldstrom von Dauer wäre. Ich werde den Rest meines Lebens auf einem Futon schlafen.*

Ich füllte mehrere Seiten mit negativen Gedanken rund um meine Unfähigkeit, gut zu verdienen, meinen Abscheu Geld gegenüber und die Tatsache, was für eine Verliererin ich doch war. Ich muss zugeben, die Bilanz sah verdammt ernüchternd und bedrückend aus. Mir war zwar klar gewesen, wie hilflos, frustriert und erfolglos ich mich fühlte, aber dazusitzen und die geistigen Giftstoffe anzustarren, denen ich mich und mein Weltbild unbewusst die ganze Zeit über aussetzte, war ein ziemlicher Weckruf – *wow!*

Dir die Zeit zu nehmen, völlig frei alles niederzuschreiben, was dir zu einem festgefahrenen Bereich deines Lebens einfällt, ist eine der besten Methoden, um kräftezehrende, dich sabotierende und blockierende Überzeugungen ans Tageslicht zu zerren.

Ich nahm mir die vielen, ergreifenden Seiten noch einmal vor, las sie erneut durch und markierte die Überzeugungen, die die schlimmsten, nachhaltigsten Reaktionen in mir weckten. Dann setzte ich mich daran, mein Mantra zu formulieren, und beachtete dabei folgende fünf Grundregeln:

1. Greif drei bis fünf der emotional aufgeladensten und herzzerreißendsten Einwände heraus und schreib sie auf. (Das kann dir ziemlich schwierige Entscheidungen abverlangen, also hör auf deine Gefühle – horche bei jedem Satz tief in dich hinein und achte darauf, was dich am meisten in Rage/zum Heulen/aus dem Gleichgewicht bringt.)

2. Drehe diese negativen Überzeugungen ins Gegenteil und setze dabei auf Wörter und Formulierungen, die dir aus der Seele sprechen.

3. Mach ein Mantra-Brainstorming und achte dabei darauf, immer positiv zu formulieren (nicht: *Es fühlt sich so gut an, nicht zu rauchen*, sondern eher: *Ich liebe meine rosaroten, gesunden Lungen.*) Jedes Wort ist wichtig. Wähle nur Formulierungen aus, die Emotionen in dir wecken.

4. Schreibe ausschließlich im Präsens.

5. Halte dein Mantra kurz und knackig.

Hier sind – beispielhaft für dich – die Ansichten und Einwände, die mir am meisten zu schaffen machten, als ich las, was ich über meine Beziehung zu Geld geschrieben hatte:

1. *Viel Geld zu verdienen, ist mir einfach nicht vorherbestimmt; es wird nie passieren.*

2. *Es wird mir immer schwerfallen und niemals Freude machen, Geld zu verdienen.*

3. *Wenn ich es auf wundersame Weise doch irgendwie schaffen sollte, zu Geld zu kommen, wird diese Glückssträhne nur kurz anhalten und die Quelle bald wieder versiegen.*

4. *Es ist gefährlich für mich, viel Geld zu verdienen, denn ich könnte meine Freunde und meine Familie verlieren, und das würde mir das Herz brechen.*

Sobald ich diese Liste der wichtigsten und schmerzhaftesten Überzeugungen erstellt hatte, verkehrte ich jede von ihnen ins Gegenteil, um mein neues Mantra zu finden:

1. Aus: *Viel Geld zu verdienen, ist mir einfach nicht vorherbestimmt; es wird nie passieren* wurde: *Ich bin von Geld umgeben, es ist einfach überall und fließt mir mühelos und ohne Probleme zu.*

2. Aus: *Es wird mir immer schwerfallen und niemals Freude machen, Geld zu verdienen* wurde: *Geld zu verdienen, fällt mir leicht und macht Spaß. Ich verdiene gern Geld und bin richtig gut darin.*

3. Aus: *Wenn ich es auf wundersame Weise doch irgendwie schaffen sollte, zu Geld zu kommen, wird diese Glückssträhne nur kurz anhalten und die Quelle bald wieder versiegen* wurde: *Geld ist mein Freund, meine Bestimmung; es ist für mich da und fließt mir stetig zu.*

4. Aus: *Es ist gefährlich für mich, viel Geld zu verdienen, denn ich könnte meine Freunde und meine Familie verlieren, und das würde mir das Herz brechen* wurde: *Ich kann beides haben – Geld und Liebe. Meine Freunde und Familienmitglieder werden sich für mich freuen, mir stehen Geld und Liebe zu.*

Dann nahm ich mir die neuen, positiven Aussagen vor und bearbeitete sie so lange, bis ich alle Wiederholungen und/oder kraftlosen Worte gestrichen oder durch stärkere Formulierungen ersetzt hatte (halte noch kurz durch, das ist wichtig, und wir sind fast fertig). Die neue Liste sah so aus:

1. *Ich bin von Geld umgeben, es fließt mir mit Leichtigkeit zu.*

2. *Geld zu verdienen, fällt mir leicht und macht Spaß. Ich verdiene gern Geld.*

3. *Geld ist meine Bestimmung.*

4. *Ich kann beides haben, Geld und Liebe. Ich habe die Freiheit, Geld zu verdienen.*

Jetzt könnten wir uns natürlich alle Mantras zulegen, die mehrere Absätze lang sind, wenn wir sämtliche Aspekte aufgreifen wollen, die uns rund um das Thema bewegen (ich bin nicht die Einzige, bei der es so viele sind, oder?). Doch wir wollen ein Mantra, das kurz, aber wirksam ist, damit es sich leicht einprägen und wiederholen lässt. Als ich diese

Stufe erreicht hatte und es darum ging, die bisher ermittelten Sätze auf ein kompaktes Mantra zu verkürzen, ging ich noch einmal in mich und erkannte, dass es vor allem die Konzepte *Freiheit* und *Leichtigkeit* waren, die bei mir einen Nerv trafen. Sie waren in jeder der positiven Aussagen enthalten, die ich formuliert hatte. Ich fühlte mich total gefangen angesichts der Tatsache, dass ich mir nichts leisten konnte. Die Überzeugung, dass Geld für mich irgendwie nicht verfügbar war, belastete, bremste und blockierte mich, und ich war frustriert darüber, wie schwer es mir fiel, diese Nuss endlich zu knacken. Schließlich gibt es massenweise Idioten, die Unmengen von Geld verdienen – was zum Teufel war mein Problem?

Ich unterstrich die Wörter »Geld«, »leicht«, »Spaß«, »Liebe«, »Freiheit« und »fließen«, weil sie die größte Wirkung auf mich hatten – sie waren gleichzeitig hell, mächtig und befreiend und wirkten den dunklen, belastenden, schweren Gefühlen entgegen, die ich in mir trug. Aus diesen Wörtern versuchte ich dann, mir ein Mantra zu basteln. Heraus kamen Sätze wie:

- *Es macht Spaß, Geld zu verdienen. Ich liebe es, und es fließt mir mit Leichtigkeit zu.*
- *Ich bin frei, Geld zu verdienen. Es ist leicht, und ich befinde mich im Fluss.*
- *Ich verdiene frei und mit Leichtigkeit viel Geld. Ich befinde mich im Fluss, und es macht Spaß.*

Ich schob die Wörter weiter hin und her, bis ich schließlich bei einer Lösung angelangt war, die sich gleichzeitig machbar und völlig wahnwitzig anfühlte: *Geld fließt mir leicht und frei zu.* Dieses Mantra glich dem Fuß, der sich blitzschnell in die Tür stellte und sie einen Spalt weit offen hielt, wenn *Das kann ich mir nicht leisten* mal wieder versuchte, sie zuzuschlagen und mich einzusperren.

Schreibe so viele Versionen deines zukünftigen Mantras auf wie nötig, ergänze, was fehlt, und schiebe die Wörter hin und her, bis du eine Formulierung gefunden hast, die sich richtig anfühlt. Versuch gar nicht erst, alle Negativpunkte in diesem einen Satz unterzubringen – entscheidend ist nur, dass dein Mantra dir Energie verleiht, Hoffnung und Inspiration in dir weckt und dir vielleicht ein kleines bisschen das Gefühl gibt, du wärst verrückt, weil du überhaupt daran zu glauben wagst, dass etwas so Großartiges für dich möglich ist.

Hier sind ein paar Beispiele, die dir dabei helfen können, dein eigenes Mantra zu finden:

Neue Gewohnheit: Ich will täglich mit einem attraktiven Menschen flirten.

Einwände: Ich kann überhaupt nicht flirten. Ich will nicht plötzlich mit jemandem in ein Gespräch verwickelt sein, der sich als totale Null herausstellt. Ich werde bestimmt zurückgewiesen und gedemütigt. Ich könnte lächerlich und verzweifelt rüberkommen.

Mantra: Ich bin sexy, aufgeschlossen und liebenswert. Ich ziehe spielerisch und mit Leichtigkeit den perfekten Partner/die perfekte Partnerin an.

Neue Gewohnheit: Ich will mit dem Rauchen aufhören.

Einwände: Ich habe es schon so oft versucht und nie geschafft. Es ist total schwer. Meine Sucht ist so stark. Ich rauche einfach zu gern. Das Rauchen beruhigt mich.

Mantra: Ich bin glücklich und gesund und genieße es, selbst über mein Leben bestimmen zu können.

Neue Gewohnheit: Ich will besser zuhören lernen.

Einwände: Ich bemerke es nicht einmal, wenn ich zu viel rede. Es fällt mir schwer, mich zu bremsen. Menschen können so langweilig sein.

Mantra: Ich liebe es, zuzuhören und dabei etwas zu lernen. Ich bin geerdet, hellwach und kann mein Verhalten steuern.

Neue Gewohnheit: Ich will jeden Tag etwas zur Rettung des Regenwaldes beitragen.

Einwände: Das Vorhaben überwältigt mich jetzt schon. Was zur Hölle kann ich denn schon erreichen? Ich habe keine Ahnung von Politik. Ich weiß nicht, wo ich anfangen oder was ich tun soll.

Mantra: Es ist leicht, etwas zu bewirken. Es erfüllt mich mit Freude, und ich lerne durch Erfahrung.

Beim Verfassen deines Mantras geht es in erster Linie darum, die richtigen Worte zu finden, die deinen negativen Überzeugungen entgegenwirken und positive, mächtige, kribbelnde Emotionen in dir freisetzen. Das ist der Schlüssel – dein

Mantra muss wirklich etwas in dir bewegen, sonst stellst du irgendwann fest, dass du einfach nur eine Aneinanderreihung nerviger Wörter aufsagst, die dich kein bisschen dazu antreiben, loszuziehen und die nötigen Veränderungen vorzunehmen.

NOCH EIN WICHTIGER HINWEIS ZUM MANTRA: Es ist nicht schlimm, wenn es dir am Anfang schwerfällt, dein Mantra zu glauben – solange du einen inneren Kick verspürst (weil dein höheres Ich vor Freude ein Rad schlägt), weißt du, dass du dich auf dem richtigen Weg befindest. Beschließe einfach, dass du daran glaubst, bis es irgendwann wirklich der Fall ist.

Sobald dein Mantra feststeht, schreib es nieder und sprich es aus, täglich, immer wieder. Sprich es aus, wenn du hinter dem Steuer sitzt (laut), im Flugzeug auf das Abheben wartest (im Kopf), wenn du mit dem Hund rausgehst, deine Kinder fütterst, dir die Zähne putzt, so tust, als würdest du einem langweiligen Schwafler zuhören, das Geschirr spülst – einfach immer und überall. Die Wirkung entsteht durch die Wiederholung, durch die positive Energie, die die Worte wecken, und die Vorfreude auf die neue Realität, der du im Eiltempo entgegenstrebst.

Je mehr wir uns mit der Energie dessen umgeben, was wir uns wünschen, desto müheloser ziehen wir es an.

LETZTER WICHTIGER HINWEIS ZUM MANTRA: Mach dir keine Gedanken, wenn sich beim Aussprechen deines neuen Mantras weiterhin die alten Einwände in dir regen – das ist ein gutes Zeichen. Die Tatsache, dass dein altes Ich sich wehrt und kämpft, weist darauf hin, dass sich etwas verändert und es sich bedroht fühlt. Nutze dein neues Mantra als Knüppel, um die Einwände zurück in ihre kümmerlichen kleinen Löcher zu prügeln.

Tag 2
Bring dich in Position

Eines meiner absoluten Lieblingswörter ist »bequem«. Allein es zu sagen, fühlt sich gut an. Es klingt wie ein langer, erleichterter Seufzer, während man sich ins Sofa fallen lässt und den obersten Knopf der Hose öffnet. Weißt du, wer noch total auf Bequemlichkeit steht? Gewohnheiten. Je leichter du es ihnen machst, desto lieber stellen sie sich ein. Wie so viele andere Dinge in der Natur nehmen auch Gewohnheiten meist den Weg des geringsten Widerstandes: Wasser wird von der Schwerkraft in einem einzigen, mühelosen Strom durch das Flussbett geleitet, um Felsbrocken herum und über Wasserfallkanten hinweg. Vögel machen sich Luftströmungen, Aufwinde und Jetstreams zunutze, um mit einer möglichst geringen Anzahl von Flügelschlägen ans Ziel zu gelangen. Meine Umzugshelfer schleppten meine Matratze durch das Wohnzimmer ins Schlafzimmer und zwar direkt über meinen neuen weißen Teppich, anstatt den Umweg über die teppichfreie Küche zu nehmen, einfach weil die Strecke über den weißen Teppich kürzer war.

Mach dir gleich zu Beginn ein paar Gedanken darüber, wie du es deiner neuen Gewohnheit so leicht und bequem wie möglich machen kannst. Das erhöht deine Chancen, am Ende Erfolg zu haben. Und bitte beschränke dich nicht auf das Offensichtliche. Werde kreativ – es gibt so viele Möglichkeiten, sich körperlich, emotional, spirituell und intellektuell in eine gute Ausgangsposition zu bringen. Manchmal bewirken gerade die kleinen Dinge einen enormen Unterschied, daher solltest du beim Brainstormen darauf achten, auch Wert auf die Details zu legen.

Wenn deine neue Gewohnheit beispielsweise darin besteht, von nun an jeden Morgen um sechs ins Fitnessstudio zu gehen, leg dir deine Sportkleidung am Abend zuvor zurecht, stell den Timer der Kaffeemaschine so ein, dass der Kaffee bereits fertig ist, wenn du aufstehst, bereite ein paar Snacks vor, die du dir nach deiner Rückkehr direkt in den Mund schieben kannst, und sorge dafür, dass du zwischen Sport und Arbeit nur noch schnell unter die Dusche springen und dir deine Sachen schnappen musst. Unternimm alles, was dir zu deiner eigenen Unterstützung einfällt – und weil dieses Mal alles anders ist, weil du dieses Mal auf gar keinen Fall scheitern wirst, weil du es dieses Mal todernst meinst, geh noch ein Stück weiter. Kauf dir neue Sportkleidung eigens für diesen Anlass, statt dich in der alten Jogginghose und dem ausgeleierten T-Shirt ins Fitnessstudio zu schleppen, drucke ein Bild von einem Körper aus, wie du ihn anstrebst, und kleb es dir auf den Wecker, vereinbare mit einer Freundin, dass du ihr jedes Mal 300 Euro zahlst, wenn du es nicht zum Sport schaffst, such dir ein Fitnessstudio ganz in der Nähe, sonne dich den ganzen Tag im Glanz des frühmorgendlichen Erfolgs und kauf dir einen neuen Ring, der dich jedes Mal, wenn er dir ins Auge fällt, daran erinnert, dein Mantra aufzusagen. Geh über den Punkt hinaus, an dem du normalerweise aufhören würdest, und ersinne lauter neue Wege, es der neuen Gewohnheit so bequem wie möglich zu machen und für freie Bahn zu sorgen.

Organisation, Terminplanung, günstige Umstände, Zusagen anderen gegenüber,

ständige Erinnerungen, Wiederholungen des Mantras, die energetische Verbindung zu dem Ich, das du anstrebst, die Angst davor, dich zu blamieren – all diese scheinbar kleinen Dinge bringen dich in die richtige Position, um dir eine neue Gewohnheit erfolgreich anzueignen.

Wenn du hingegen eine schlechte Angewohnheit loswerden willst, solltest du so viele Hindernisse und Blockaden wie möglich errichten. Das beste Mittel im Kampf gegen unerwünschte Gewohnheiten besteht darin, ihnen das Leben so schwer, unbequem und unangenehm wie möglich zu machen, Angst, Widerwillen und Kosten zu erzeugen, dich auf dein Mantra zu besinnen, eine energetische Verbindung zu dem Ich herzustellen, das du anstrebst, nicht wie ein Idiot dastehen zu wollen, eine klare Ansage zu machen und dich ständig daran zu erinnern, wie viel besser es dir ohne diese Gewohnheit gehen würde. Je abstoßender und undurchführbarer sie für dich wird, desto besser.

Sagen wir einmal, du willst das Trinken aufgeben: Klar, als Erstes entledigst du dich aller Alkoholvorräte im Haus und räumst sämtliche Sekt-, Wein- und Schnapsgläser, Cocktailshaker, Flachmänner und Fotos von dir und deiner Bierbong aus Studienzeiten in den Keller. Aber darüber hinaus könntest du dich auch in Cafés statt in Bars verabreden, mit einer Freundin vereinbaren, dass du ihr jedes Mal, wenn du doch einen Schluck trinkst, 300 Euro gibst, andere verlockende, nichtalkoholische Getränke ausprobieren, zu einem Treffen der Anonymen Alkoholiker gehen, dir all die hässlichen und zerstörerischen Dinge vor Augen führen, die Alkohol im Körper anrichten kann, und ein schönes Porträtfoto von dir an den Kühlschrank kleben, um dich ständig aktiv daran zu erinnern, wie sehr du dich liebst und wie wichtig du dir bist.

Hol dein Notizbuch heraus und erstelle eine Liste mit mindestens 15 Dingen, die du angehen willst, um dem Erfolg Tür und Tor zu öffnen. Das gilt auch für die sogenannten »Entwöhner«: Schreibe 15 Dinge auf, die die Durchführung der ehemaligen Gewohnheit möglichst beschwerlich und abschreckend gestalten. Dann mach dich an die Arbeit und setze die Punkte um. Heute noch. Kleine Anpassungen ergeben in der Summe große Veränderungen.

Sag jetzt dein Mantra auf. Sprich es laut aus, trage es dir vor, den ganzen Tag lang immer wieder. Spüre es, liebe es, glaube daran, schwelge in ihm, werde eins mit ihm, wiederhole es ein ums andere Mal. Sag es direkt vor dem Einschlafen und gleich nach dem Aufwachen auf.

Tag 3
Mach deinen Fortschritt sichtbar

Hast du je auf der Kante des offenen Kofferraumes gesessen, dir die Wanderstiefel von den heißen, wunden Füßen gezogen, den Blick auf den Berg gerichtet, den du gerade bestiegen hast, und dabei gedacht: »Mannomann, da oben bin ich eben noch gewesen?« Oder hast du schon einmal am Fuß eines Wolkenkratzers gestanden, nach oben geschaut und das über dir aufragende Wunder bestaunt, das Menschen mithilfe ihres Hirns und ihrer Hände erschaffen haben?

Sowohl das Gipfelklettern als auch der Hochhausbau erfolgen Schritt für Schritt, Stockwerk für Stockwerk. Doch sobald wir diejenigen sind, die kraxeln beziehungsweise hämmern, bekommen wir die Fortschritte oft gar nicht richtig mit. Wir befinden uns mitten im Geschehen, und ein Großteil dessen, was wir schon geschafft haben, bleibt uns verborgen, bis wir am nächsten Aussichtspunkt eintreffen, einen Meilenstein im Bauprozess erreichen oder nach getaner Arbeit einen Schritt zurücktreten, auf unser Meisterwerk zeigen und jeden in Hörweite mit einem übermäßig detaillierten Bericht über dessen Entstehungsgeschichte beglücken.

Ganz ähnlich läuft es auch bei unseren Gewohnheiten: Wir arbeiten uns Tag für Tag, Sit-up für Sit-up, Reiscracker für Reiscracker vor, bis uns eines Tages auffällt: *Wow, wer hätte das gedacht, plötzlich passt mir Größe 38!*

Es ist deutlich einfacher, eine neue Gewohnheit zu etablieren, wenn wir das Gefühl haben, Fortschritte zu machen, aber leider lassen die sichtbaren Erfolge bei den allermeisten gewohnheitsbildenden und -brechenden Methoden eine halbe Ewigkeit auf sich warten.

Doch weißt du, was sofortige Befriedigung auslöst? Dein Voranschreiten »sichtbar« zu machen (und jeden Tag, den du am Ball bleibst, zufrieden abzuhaken). Auch wenn die konkreten Ergebnisse dessen, was du tust, noch nicht erkennbar sind, kannst du so jederzeit ablesen, seit wie vielen Tagen du jetzt bereits dabei bist – was für sich gesehen schon eine enorme Leistung ist.

Deine heutige Aufgabe besteht darin, dir für den Prozess, den du gerade durchläufst, einen Kalender zuzulegen – einen richtigen, altmodischen Papierkalender (zum Aufhängen oder in Buchform). In diesem Kalender markierst du jeden Tag, an dem du deine neue Gewohnheit erfolgreich praktizierst: nicht mehr als 1700 Kalorien zu dir nehmen, 5 Kilometer spazieren gehen, keine abfälligen Bemerkungen mehr deiner Mutter gegenüber, Yoga machen, kein ständiges Entschuldigen mehr, täglich ein neues Wort einer Fremdsprache lernen. Überlege dir ein feierliches Ritual, um den Anlass gebührend zu würdigen: Nimm einen besonderen Stift, gönn dir ein goldenes Klebesternchen, drücke einen dicken, roten Kussmund in den Kalender oder schreibe, wenn die Gewohnheit, um die es geht, extrem ist, mit deinem eigenen Blut.

Die schlichte Anerkennung, dass wir eine Aufgabe erfüllt haben, ist überaus befriedigend. Im Rückblick sehen zu können, dass wir uns über Tage, Wochen und Monate hinweg erfolgreich an das gehalten haben, was wir uns vorgenommen haben, ist sogar noch besser. Wenn du deinen Fortschritt auf diese Weise vermerkst, fällt es dir leichter, am Ball zu bleiben, weil es sich für dich lohnt, denn du siehst, dass etwas passiert. Du kannst dich immer wieder darauf freuen, den Tag im Kalender zu markieren. Davon abgesehen wächst dein Selbstbewusstsein, da du nun einen konkreten Beweis dafür vorliegen hast, dass du dir etwas Gutes tust.

Sag jetzt dein Mantra auf. Sprich es laut aus, trage es dir vor, den ganzen Tag lang immer wieder. Spüre es, liebe es, glaube daran, schwelge in ihm, werde eins mit ihm, wiederhole es ein ums andere Mal. Sag es direkt vor dem Einschlafen und gleich nach dem Aufwachen auf.

Tag 4
Verknüpfe mehrere Gewohnheiten

Ich mache jeden Morgen als Allererstes mein Bett. Solange die Decke nicht glatt gestrichen und das Kissen nicht aufgeschüttelt ist, kann ich den Tag einfach nicht genießen. Ich mache mein Bett sogar, wenn ich im Hotel übernachte, und zwar ehe das Zimmerpersonal kommt, denn *was für ein Monster muss man sein, um sich anzuziehen und sich die Zähne zu putzen, während die Bettdecke ganz verdreht und zerknittert daliegt und einen vorwurfsvoll anstarrt?* Wir alle verfügen über eine Vielzahl von Gewohnheiten, die in unseren Alltag eingebaut sind. Und eine der besten Methoden, sich eine neue anzueignen, besteht darin, sie mit einer bereits bestehenden zu verknüpfen. Das funktioniert genau wie eine Fahrgemeinschaft: Du fährst ohnehin in die Richtung, da kannst du genauso gut auch noch eine Gewohnheit mitnehmen.

Kehre noch einmal zu Kapitel 3 zurück und nimm dir die Liste mit deinen bereits bestehenden guten Gewohnheiten vor. Überlege, ob sich deine neue Gewohnheit (oder gleich mehrere) an eine von jenen anhängen lässt. Erstelle darüber hinaus eine neue Liste mit Dingen, die du jeden Tag tust, auch wenn sie es nicht auf die ursprüngliche Liste geschafft haben, zum Beispiel: zur Arbeit fahren, dich an den Schreibtisch setzen, die Kinder abholen, Essen kochen, die Katze füttern, Schuhe anziehen, das Licht ausmachen, darüber grübeln, wo zum Teufel das Handy jetzt schon wieder liegt. Denn auch auf diese Tätigkeiten lassen sich möglicherweise neue Gewohnheiten aufsatteln.

Hier sind ein paar Beispiele dafür, wie sich Gewohnheiten verknüpfen lassen – als Anstoß für eigene Ideen:

- Nimm dir, während du morgens auf dem Klo sitzt (bestehende Gewohnheit), ein Stück Zahnseide und reinige deine Zähne (neue Gewohnheit). Stell die Zahnseide direkt neben die Toilette, sodass sie gut erreichbar ist (bequeme Durchführung, Gedächtnisstütze). Schiebe, wenn du hinterher – immer noch im Halbschlaf – ins Schlafzimmer zurückkehrst, zehn Minuten Meditation ein (eine weitere Gewohnheit für die Fahrgemeinschaft). Stell dir einen entsprechenden Timer auf dem ansonsten stumm geschalteten Handy, damit du weißt, wann die zehn Minuten vorbei sind (bequeme Durchführung, Organisation). Mach nach dem Meditieren ein paar Dehnübungen und absolviere ein zehnminütiges Krafttraining (noch ein Mitfahrer). Nutze auch dafür den Timer.
- Wenn du gern Kaffee magst, aber insgesamt mehr Wasser trinken willst, kombiniere beides. Stell ein großes Wasserglas neben die Kaffeemaschine (bequeme Durchführung, Gedächtnisstütze), sodass du es gleich morgens bei der Kaffeezubereitung mit Wasser füllen und austrinken kannst. Lege fest, dass du zu jeder Tasse Kaffee auch ein großes Glas Wasser zu dir nimmst. Du könntest sogar noch einen Schritt weiter gehen und etwas trinken, sobald du an der Kaffeemaschine vorbeigehst.
- Deponiere eine Flasche Vitamin-E-Öl neben dem Waschbecken (bequeme Durchführung). Massiere nach jedem Händewaschen (bestehende Gewohnheit) ein paar

Tropfen Öl in deine wunderschönen, nicht abgekauten Fingernägel (Ex-Gewohnheit) ein.

- Halte, wenn du dich hinter das Steuer deines Wagens setzt und den Motor anlässt (bestehende Gewohnheit), einen Augenblick lang inne (bewusste Besinnung), atme tief durch, verankere dich ganz im Hier und Jetzt und stell dir vor, dass der alte Mensch, der mit zehn km/h durch die Fünfziger-Zone schleicht, dein geliebter Opa ist, der ängstlich und verwirrt ist (neue Gewohnheit), anstatt wutentbrannt loszubrüllen (Ex-Gewohnheit).
- Sage jedes Mal, wenn du eine Textnachricht erhältst (bestehende Gewohnheit), dein Mantra auf (neue Gewohnheit).
- Gehe, wenn du abends in deine Schlafkleidung schlüpfst (bestehende Gewohnheit), im Kopf durch, wofür du dankbar bist (neue Gewohnheit).
- Stell dir beim Abräumen des Frühstückstischs (alte Gewohnheit) vor, wie du in das traumhaft schöne Kleid passt, das du dir für die Hochzeit deiner Schwester gekauft hast (neue Gewohnheit), sage dabei gedanklich dein Mantra auf (noch eine neue Gewohnheit) und widerstehe der Versuchung, dir den restlichen French Toast reinzuschieben, den die Kinder übrig gelassen haben (Ex-Gewohnheit).
- Vergegenwärtige dir beim Betreten des Büros, in dem du deiner öden Arbeit nachgehst (bestehende Gewohnheit), warum du für diesen Job dankbar bist (neue Gewohnheit), sage dabei gedanklich dein Mantra auf (neue Gewohnheit) und male dir aus, wie es sich anfühlen wird, in deinem neuen, hammermäßigen Tätigkeitsfeld

durchzustarten, wie du es gerade planst (neue Gewohnheit).

Sag jetzt dein Mantra auf. Sprich es laut aus, trage es dir vor, den ganzen Tag lang immer wieder. Spüre es, liebe es, glaube daran, schwelge in ihm, werde eins mit ihm, wiederhole es ein ums andere Mal. Sag es direkt vor dem Einschlafen und gleich nach dem Aufwachen auf.

Tag 5
Verweigere die Diskussion

Auch wenn ich keine besonderen Methoden-Lieblinge habe, ist das Konzept der Unverhandelbarkeit meiner Ansicht nach doch eines der wirksamsten Instrumente, wenn wir uns eine neue Gewohnheit antrainieren oder eine störende alte loswerden wollen. Praktisch angewendet bedeutet das, dass dein Kopf als der Sheriff auftritt, der er ist, seine Hand beiläufig auf die Pistole legt und alle Anwesenden höflich, aber bestimmt darum bittet, beiseitezutreten und ihm den Weg frei zu machen, während er die Situation in die Hand nimmt. Denn Unverhandelbarkeit funktioniert so:

Du hast beschlossen, dass du ein Mensch bist, der immer und überall pünktlich kommt, der bereit ist für die romantische Liebe, der von Dankbarkeit erfüllt ist, einen erfolgreichen wöchentlichen Podcast herausbringt, für die Rechte anderer eintritt oder wohlwollend und ohne zu fluchen kommunizieren kann. Wie auch immer deine neue Gewohnheit aussieht, halt an ihr fest, was auch passiert. Dann gilt: Selbst wenn sich die Versuchung in dir regt (und das wird sie!), haben die Dinge, die früher als Ansatzpunkt für Verhandlungen gedient haben, plötzlich keine Gültigkeit mehr: *nur ein schneller Zug, heute Morgen lasse ich das mit dem Gedanken-Tagebuch einmal sein, ich rufe meine Parlamentsvertreterin morgen an, lass mich nur dieses eine kleine Gerücht erzählen.* Einfach weil du dir deiner Sache sicher bist und dich bereits als der Mensch siehst, zu dem du gerade wirst.

Wenn du dir das Kiffen abgewöhnen willst, diskutierst du nicht mit dir selbst darüber, ob du dir jetzt einen Joint reinziehst oder nicht, weil du eben kein Kiffer bist, genauso wie du deine Zeit auch nicht mit Überlegungen darüber verschwendest, ob du jetzt eine Flasche Wodka zum Frühstück trinkst oder nicht – das bist einfach nicht DU. Das ist ungefähr so, als würde sich jemand über deine Glatze lustig machen, obwohl du einen vollen Haarschopf hast: Wenn du dein neues Ich verinnerlicht hast, sind die alten Diskussionsansätze schlicht lächerlich und keinen weiteren Gedanken, geschweige denn eine Reaktion, wert – einfach weil sie nichts mit dem Menschen zu tun haben, der du jetzt bist.

Wie schnell du Verhandlungsversuche im Keim erstickst, ist entscheidend für deinen Erfolg – halte dich an die Null-Sekunden-Regel.

Statt dir beispielsweise durchzulesen, welche verschiedenen Pizzaoptionen das Restaurant anbietet und sie mit der Salatauswahl zu vergleichen, entscheide dich für den Salat, den du essen wirst, und klapp die Karte zu – fertig. Die Pizzen interessieren dich nicht, weil du keine Milchprodukte isst. Sollte das Verhandlungsmonster versuchen, sich durch die Hintertür hineinzuschleichen, besinne dich darauf, dass du kein Stück von deinem neuen Ich abrücken wirst, und knalle die Tür wieder zu. *Nur kurz bei Facebook reingucken …* BÄM! Weiter geht's. *Einmal auf die Snooze-Taste drücken und weiterschlafen* ... BÄM! Weiter geht's. *Oh, ist das eine Kokostorte?* ... BÄM! Weiter geht's. Hier sind Wachsamkeit, Tempo und null Toleranz gefragt.

Kurz zusammengefasst: Bemerke die Verhandlungsfalle, sobald sie sich auftut, besinne dich darauf, was für ein Mensch du jetzt bist, und rufe dir in Erinnerung, dass der Verhandlungsansatz bei diesem Menschen keinerlei Wirkung zeigt, dass du nicht das geringste Interesse daran hast und die Versuchung eigentlich kaum bemerkt hast, weil sie dich überhaupt nicht lockt. Geh dann sofort zum nächsten Gedanken über.

Sag jetzt dein Mantra auf. Sprich es laut aus, trage es dir vor, den ganzen Tag lang immer wieder. Spüre es, liebe es, glaube daran, schwelge in ihm, werde eins mit ihm, wiederhole es ein ums andere Mal. Sag es direkt vor dem Einschlafen und gleich nach dem Aufwachen auf.

Tag 6
Kampf den Ausreden und Ablenkungen

Hast du schon einmal ein solches Gespräch mit einem Freund (oder dir selbst) geführt?

Dein Freund: Ich kann es nicht fassen, dass Sharon allen von meiner Magenverkleinerung erzählt hat!

Deine Gedanken: Meinst du das ernst? Sie hat deinem Müllmann erzählt, dass du auf ihn stehst, nachdem sie dir versprochen hatte, es für sich zu behalten. Du hast gesagt, und ich zitiere: »Der Tratschtante erzähle ich nie wieder irgendetwas.«

Dein Mund: Das ist echt hart.

Dein Freund: Ich weiß! Es ist eine total persönliche Angelegenheit, und ich habe Sharon vertraut. Der Tratschtante erzähle ich nie wieder etwas.

Deine Gedanken: Die Rechnung, bitte!

Dein Mund: Das ist wohl das Beste.

Wenn wir versuchen, an unseren Gewohnheiten zu arbeiten oder eine Herausforderung zu bewältigen, fallen wir häufig auf wohlbekannte *und deshalb leicht zu vermeidende* Methoden der Selbstsabotage herein und reagieren dann mit einem ungläubigen: *Was, es ist schon vier Uhr? Habe ich wirklich die letzten zwei Stunden damit verbracht, meine Gemüsebeete umzugraben, obwohl ich doch die Grifftabelle für meine Klarinette auswendig lernen wollte?* Zum Glück kennen wir uns selbst ziemlich gut und wissen, wie unsere schmutzigen kleinen Geheimnisse aussehen. Du bist Experte, was deine bevorzugten Ausreden und Ablenkungen angeht (meistens übrigens ebenfalls Gewohnheiten), was bedeutet, dass du auch zum Experten darin werden kannst, diese Ausreden und Ablenkungen vorherzusehen und ihnen den Zutritt zu deinem Handlungsradius zu verweigern.

Wenn du es dir beispielsweise zur Gewohnheit machen willst, jeden Morgen eine Stunde lang zu schreiben, und du weißt, dass deine große Schwäche darin besteht, in die faszinierende und unendliche Welt des Online-Schuhhandels abzutauchen, stell in dieser Stunde das Internet ab. Und damit meine ich: Geh nach unten und zieh den Router aus der Steckdose (direkt am Computer lässt es sich zu leicht wieder einschalten). Wenn du neuerdings auf Fleisch verzichtest und dein Weg von der Arbeit nach Hause dich jeden Tag an deinem Lieblings-Dönerladen vorbeiführt, wähle eine andere Strecke. Wenn es dir ernst damit ist, Klarinette spielen zu wollen, du aber weißt, dass du es nicht lassen kannst, ständig im Garten herumzuwerkeln, pack die Klarinette ein und fahre in einen Park/zu einer Freundin/in einen Übungsraum. Oder du bleibst einfach irgendwo im Auto sitzen und übst die Tonleitern dort. Es gibt unendlich viele einfache Möglichkeiten, ablenkenden Dingen, Menschen, Situationen, Aktivitäten oder Grilldüften aus dem Weg zu gehen, also nutz dein wertvolles Insiderwissen und werde proaktiv tätig. Und: Empfinde keinerlei Selbsthass, Abscheu oder Scham, weil du deine Ausreden, bisherigen Fehltritte und Schwachstellen nur allzu gut kennst – sie sind eben auch ein Teil von dir und machen dich zu einem interessanten Menschen. Sei lieber dankbar dafür, dass dir deine Hintertürchen bestens vertraut sind, denn so kannst du ein paar schwere Möbelstücke davorschieben und dann fröhlich loslegen.

Hol dein Notizbuch hervor, führe dir die Gewohnheit vor Augen, mit der du gerade zugange bist, und schreibe jede mögliche Bananenschale auf, die du dir bei der weiteren Umsetzung selbst in den Weg legen könntest: durch Twitter scrollen, dem akuten Bedürfnis nach selbst gemachter Lasagne nachgeben, spontane Einkaufsaktionen starten, abspülen, den Hund bürsten, alle im Haus befindlichen Lampen entstauben, die dringende alphabetische Sortierung der Gewürze vornehmen. Auf diese Weise kommst du der Versuchung zuvor.

Erstell bitte auch eine Liste der Menschen in deinem Leben, die zu partylustig sind, um sich mit ihnen zu umgeben, während du dir das Trinken und die Drogen abgewöhnst, zu pessimistisch, um mit ihnen abzuhängen, während du das Hungerproblem in der Welt bekämpfst, zu tratschsüchtig, um dich mit ihnen zu unterhalten, während du dir das Lästern abtrainierst, oder zu engstirnig, um dich von ihnen belehren zu lassen, während du ein eigenes Unternehmen gründest. Begrenze die Zeit, die du mit diesen Menschen verbringst.

Außerdem möchte ich, dass du erneut die freudige Erwartung heraufbeschwörst, welche die neue Gewohnheit in dir weckt, und alle Einwände festhältst, die sich dabei in dir regen. Wir alle tragen altbekannte Argumente in uns, die immer wieder aufkommen, wenn es darum geht, uns selbst im Weg zu stehen. Formuliere daher neben deinem Mantra auch noch einen Einzeiler, der deine liebste Ausrede in ihre Schranken weist. Ein paar Beispiele:

Ich habe schon eine Million Mal versucht, mich vegan zu ernähren, halte aber nie lange durch. = Bisher war es immer nur eine Übung. Dieses Mal ist es mir ernst!

Ich habe keine Willenskraft, wem mache ich etwas vor? = Es sind schon Menschen zum Mond geflogen. Ich schaffe das. Ich kann alles schaffen.

Eigentlich ist es mir ganz egal, wie ich aussehe. Ich bin raus! = Ich mag meinen Körper, ich mag mich selbst, und ich mag es, mich wohlzufühlen.

Ich habe es gar nicht nötig, jeden Tag zu meditieren/Zahnseide zu benutzen/eine Dankbarkeitsliste zu erstellen. Wenn ich es hin und wieder tue, reicht das auch. = Hier geht es um deutlich mehr als nur um diese eine Gewohnheit. Es geht darum, mein Leben, mein Glück, mein Auftreten in der Welt selbst in die Hand zu nehmen.

Das bringt doch nichts/dauert ewig. Ich gebe auf. = Erfolgreiche Menschen geben niemals auf. Ich habe den Erfolg verdient. Ich ziehe es durch.

Sag jetzt dein Mantra auf. Sprich es laut aus, trage es dir vor, den ganzen Tag lang immer wieder. Spüre es, liebe es, glaube daran, schwelge in ihm, werde eins mit ihm, wiederhole es ein ums andere Mal. Sag es direkt vor dem Einschlafen und gleich nach dem Aufwachen auf.

Tag 7
Belohne dich

Gewohnheiten mit sofort spürbaren Ergebnissen setzen sich leichter fest als Gewohnheiten, bei denen es ewig zu dauern scheint, bis etwas passiert. Wenn wir uns die Zähne putzen, fühlt sich unser Mund umgehend sauber und frisch an, daher fällt es uns nicht schwer, das täglich zu tun. Zahnseide hingegen ist ein ganz anderes Thema, denn was haben wir davon, sie zu benutzen? Gelegentliches Zahnfleischbluten? Nicht gerade die verlockendste Aussicht.

Wenn wir etwas Angenehmes erleben oder erwarten, setzt unser Gehirn Dopamin frei, einen chemischen Stoff, der wie eine Droge wirkt. Der Dopaminrausch macht süchtig, weshalb wir guten und auch schlechten Gewohnheiten, die mit einem Kick verbunden sind, freudig entgegensehen (ich weiß nicht, wie es dir ergeht, aber ich träume abends beim Schlafengehen manchmal schon von der Tasse Kaffee, die mich am nächsten Morgen erwartet). Bedauerlicherweise haben die meisten der Gewohnheiten, um die es hier geht, in Sachen Dopamin keine große Wirkung, ansonsten hätten wir sie uns schon längst zu eigen gemacht. Also müssen wir kreativ werden, um bei der Sache zu bleiben. Eine geniale Methode, um selbst die ödeste Gewohnheit zu etwas zu machen, auf das wir uns freuen, besteht darin, sie mit einer Belohnung zu verbinden.

Schau dir deine Gewohnheit an und überlege dir, womit du dich selbst locken könntest, während du sie durchführst, oder was du dir gönnen könntest, nachdem du sie erfolgreich praktiziert hast (oder abgewehrt, je nachdem). Zulässig ist alles, was dir Freude macht, auch kleine Laster: Wir gehen hier aufs Ganze, daher ist alles erlaubt, solange es nicht illegal, schädlich für dich oder andere oder kontraproduktiv ist (eine große Portion Eis ist beispielsweise nicht die sinnvollste Belohnung dafür, dass du deine Diätvorgaben befolgt hast).

Hier sind einige Beispiele, die von Gewohnheits-Superhelden stammen, als Inspiration für dein eigenes Durchhalte-Bonbon. Sobald du dich entschieden hast, wie deine Belohnung aussehen soll, schreibe genau auf, was du vorhast. Belohne dich jedes Mal, wenn du deine Gewohnheit absolvierst (oder dich von ihr fernhältst).

- Nur wenn du dich hinsetzt und eine gesunde, kalorienarme Mahlzeit zu dir nimmst, darfst du währenddessen deine sozialen Medien checken.
- Nach zwei Stunden Schreiben jeden Morgen … Schokolade.
- Such dir jemanden, der ebenfalls eine spirituelle Morgenroutine anstrebt (Meditation, Gedankentagebuch, Ratgeber lesen), und unterstützt euch gegenseitig in eurem Vorhaben. Schickt einander am Abend vorher eine Mail mit einer wohlwollenden Nachricht, einem Zitat, einem aufmunternden Spruch, einem inspirierenden Artikel oder einem Video von einer Katze, die Kartoffelchips aus der Tüte frisst, und lest die Mail des anderen immer erst, nachdem ihr eure Morgenroutine abgeschlossen habt.
- Nach einem Tag ohne Zigarette darfst du masturbieren. Ansonsten: Finger weg!
- Lege auf dem Rückweg vom Schwimmbad, wo du die geplante Anzahl Bahnen absolviert hast, einen

Zwischenstopp am Tierheim ein und spiele mit den Welpen dort.

- Schau dir die nächste Folge der süchtig machenden Serie nur auf dem Laufband an.
- Such dir eine Freundin, die ebenfalls gerade ein Unternehmen gründen will. Vergebt Punkte für jeden Akquise-Anruf, den ihr tätigt. Wer am Ende der Woche mehr Punkte hat, lädt die andere zum Essen ein.
- Nachdem du dein »Täglich-mit-einem-attraktiven-Menschen-flirten«-Vorhaben erfolgreich umgesetzt hast, stell deinen Lieblingssong auf volle Lautstärke und denk daran, wie heiß und sexy und liebenswert du bist.
- Lass dir, nachdem du einen ganzen Tag lang nicht gejammert hast, ein heißes Bad mit all deinen bevorzugten Badezusätzen ein, zünde ein paar Kerzen an und verbarrikadiere, wenn nötig, die Tür, damit du nicht von den Kindern gestört wirst.

Sag jetzt dein Mantra auf. Sprich es laut aus, trage es dir vor, den ganzen Tag lang immer wieder. Spüre es, liebe es, glaube daran, schwelge in ihm, werde eins mit ihm, wiederhole es ein ums andere Mal. Sag es direkt vor dem Einschlafen und gleich nach dem Aufwachen auf.

Tag 8
Umgib dich mit wahrer Größe – nicht nur in Bezug auf Menschen

Als ich sieben Jahre alt war, reisten wir zum ersten Mal als Familie in die Heimatstadt meines Vaters, nach Neapel. Ein Großteil unserer Verwandten lebte weiterhin in dem Stadtviertel, in dem auch mein Vater aufgewachsen war: einer Ansammlung von Häusern an einem Berghang mit Blick auf den Golf von Neapel. Das Erlebnis, in einem zweistöckigen Flugzeug über den Atlantik zu fliegen (hui!), abends so lange aufbleiben zu dürfen, wie man wollte (noch einmal hui!), und zum ersten Mal einen Schluck Wein zu probieren (pfui!), den mir eine Frau anbot (meine Tante), die genauso aussah wie mein Vater (die gleiche große Nase), war einfach umwerfend. Doch was mich, die kleine Jen von damals, wirklich nachhaltig beeindruckte, waren die Hühner meines Großvaters. Am Rand des gemeinschaftlichen Gemüsegartens der Sinceros befand sich ein kleiner Stall samt Stangen, auf denen die Tiere schliefen. Außerdem gab es einen kleinen, eingezäunten Freilaufbereich und ein Legehaus, von wo aus die Eier eine Rampe hinabrollten und in einer gepolsterten Kiste landeten. Ich hockte jeden Tag stundenlang und ohne einen Mucks zu machen in dem stinkenden Verschlag und wartete, bis wie von Zauberhand ein warmes, bläulich schimmerndes Ei in der Kiste auftauchte. Wenn es dann so weit war, schnappte ich es mir und rannte schreiend damit ins Haus, als handelte es sich um eine lebende Schlange. Ich konnte kaum fassen, was meine Eltern mir bisher vorenthalten hatten: Normale Menschen konnten Hühner halten! Echte

Hühner, die echte Eier legen! Normale Menschen wie du und ich!

Sobald wir wieder zu Hause waren, überlegte ich mir, welcher Platz in unserem Garten am besten für einen Hühnerstall geeignet war (schattig, weit weg von der Schaukel, damit die Tiere ihre Ruhe hatten, in Sichtweite meines Kinderzimmerfensters, damit ich sie rund um die Uhr beobachten konnte). Ich redete von nichts anderem mehr, zeichnete ständig neue Pläne und rang meinen Eltern nach endlosen zähen und tränenreichen Verhandlungen schließlich ein vages Versprechen ab: »In Ordnung, wenn du 14 bist, bekommst du einen Hühnerstall.« Sie bauten natürlich darauf, dass ich bis dahin das Interesse verloren hätte, und reagierten nur mit einem Schulterzucken auf meine Drohung, dass ich sie verklagen würde, wenn sie den von mir aufgesetzten und von allen Parteien unterzeichneten Vertrag brächen.

Die Tatsache, dass meine Eltern recht behielten und ich mich mit 14 eher für Jungs interessierte als für Hühner, spielt keine Rolle. Ich las jahrelang wie besessen alles, was mit Hühnerhaltung zu tun hatte, hielt in Bio ein Referat über das unendlich faszinierende Thema Hühner-Kloake (ein einziges Loch und so viele Funktionen!) und bastelte einen Hühnerstall aus Pappe, der jahrelang in unserem Spielzimmer über dem Aquarium hing.

Das Erweckungserlebnis in Italien führte mir Möglichkeiten und Seiten meiner selbst vor Augen, die mir zuvor völlig verborgen gewesen waren, und aus diesem Grund solltest auch du sehr genau darauf achten, in welcher Umgebung du dich bei der Arbeit an deiner neuen Gewohnheit befindest, beziehungsweise aktiv auf eine positive einwirken.

Mit wem und was wir uns umgeben, hat enormen Einfluss auf uns. Fast nichts entscheidet so schnell über Erfolg oder Misserfolg wie unser Umfeld.

Wenn du beispielsweise vom Glücksspiel loskommen willst und Treffen der Anonymen Spieler besuchst, ist es deutlich wahrscheinlicher, dass du Erfolg haben wirst, als wenn du die Abende weiterhin mit deinen Pokerfreunden und/oder in Casinos verbringst. Logisch, ich weiß, aber … nimm deine Umgebung ruhig einmal unter die Lupe. Wenn du gern zufriedener und optimistischer wärst, umgib dich mit zufriedenen, optimistischen Menschen und achte darauf, wie sie reden, denken, die Welt wahrnehmen und darauf reagieren, wenn der ausgesetzte Hund, den sie an der Autobahnraststätte gefunden haben, ein Loch in die Rückbank beißt. Besteht dein Vorhaben darin, jeden Tag etwas Gutes für die Umwelt zu tun, benutze Mehrwegverpackungen, besuche Vorträge über den Klimawandel, engagiere dich ehrenamtlich im örtlichen Gemeinschaftsgarten oder nimm an einer Müllsammelaktion teil. Tauche ganz in die Welt der Umweltschützer ein, wo du nicht nur etwas bewirken kannst, sondern auch auf Gleichgesinnte triffst, die dich auf weitere Ideen bringen.

Denk daran: Du willst den guten Gewohnheiten die Türen öffnen und den schlechten den Weg versperren. Die bewusste Gestaltung einer dich stärkenden Umgebung ist eine der effektivsten Methoden, um genau dieses Ziel zu erreichen.

Da mein Interesse einzig und allein *dein* Erfolg ist und ich auf jeden Fall verhindern will, dass deine Mühen rund um die neue Gewohnheit dich überwältigen, möchte ich dich bitten, zunächst nur einen Aspekt aus jedem der vier folgenden Umgebungsbereiche auszuwählen und umzusetzen. Wenn du dann Zeit und Lust für mehr hast, bitte sehr, aber fang zunächst mit einer Veränderung pro Bereich an. Schreib auf, was du vorhast, samt aller Einzelheiten – wer, was, wann und wo –, und mach dich ans Werk.

DIE MENSCHEN IN DEINER UMGEBUNG

Such dir einen herausragenden Menschen aus, der sich in Bezug auf die von dir gewählte Gewohnheit (und auch sonst) exakt an dem Punkt befindet, den du anstrebst, und verbringe regelmäßig Zeit mit ihm. Vereinbare Ziele mit ihm, die ihr zusammen überprüft, oder engagiere ihn als Mentor, Coach, Trainingspartner oder Kühlschrankwächter, der jedes Mal einen Alarm auslöst, wenn du dich dem Gerät näherst. Oder du meldest dich bei einem Kurs, einer Selbsthilfegruppe oder einem Seminar an und knüpfst dort so viele Kontakte wie möglich. Bonuslevel: Wenn du schon dabei bist, dein Umfeld aufzupolieren, schränke ein, wie viel Zeit du mit Menschen verbringst, die dich ablenken, dich in Versuchung führen oder dir die Laune verhageln. Du weißt, von wem die Rede ist. Sag ihnen einfach, du hättest gerade sehr viel um die Ohren.

DIE GEGENSTÄNDE IN DEINER UMGEBUNG

Hänge Bilder auf, die dich daran erinnern, auf was für eine Figur du hinarbeitest, was für eine Reise du unternehmen wirst, wenn du das Geld zusammenhast, welcher Seelenverwandte dich unterstützt, welchen Berg du besteigen wirst, wenn du erst fit genug bist, welcher Kandidatin du zum Wahlsieg verhelfen wirst. Mach eine Testfahrt mit dem Wagen, den du kaufen wirst, lauf durch den Teil der Stadt, in dem du wohnen wirst, starre das Werbeschild an, auf dem dein Name prangen wird, steig in die Cowboystiefel, die du dir gönnen wirst, und posiere für jeden, der sich gerade im Schuhgeschäft aufhält. Räume den nötigen Platz frei, um Sport zu treiben, zu meditieren oder zu malen. Du willst, dass deine Umgebung zu dem Menschen passt, der du wirst, also gestalte sie so beflügelnd, einladend und ansprechend wie möglich!

DEINE SPIRITUELLE UMGEBUNG

Schließe dich einer Meditationsgruppe an, entspanne mit geführten Gedankenreisen, lies inspirierende Bücher, singe kraftvolle Mantras, mache Yoga oder übe dich in transzendentaler Meditation. Nimm dir jeden Tag mindestens fünf Minuten, um dich zu besinnen und den Blick nach innen zu richten. Lasse deinen Geist zur Ruhe kommen und verinnerliche die Erkenntnis, dass du ein äußerst mächtiges Geschöpf bist, das alles erreichen kann, was es sich vornimmt. Atme tief durch. Sei einfach einmal ganz leise. Stell dir vor, wie Licht durch deinen Körper strömt, vom Kopf bis zu den Füßen.

Lasse zu, dass das Universum durch dich hindurchfließt. Schiebe deine Zweifel, Ängste und negativen Überzeugungen beiseite. Dich täglich fünf Minuten mit deinem höheren Ich zu verbinden, kann eine enorme Wirkung haben.

DEINE EMOTIONALE UMGEBUNG

Höre Musik, die dich motiviert. Lies, schaue, unternimm und höre Dinge, die dich zum Lachen bringen, große Hoffnungen in dir wecken, dein Selbstvertrauen stärken, aus denen du etwas lernst, die dich so sehr beflügeln, dass du fast vom Boden abhebst, dich durch die Straßen tanzen lassen. Gönne deinem Körper etwas Wohlbefinden, sprich positiv über dich und andere, verbringe Zeit mit Menschen, die dir nahestehen, streichle flauschige Tiere, wandere durch die Natur, schaue in den Himmel und umgib dich mit Gegenständen, Menschen, Geräuschen, Gerüchen, Geschmäckern und Anblicken, die dich erfreuen und dich aufbauen.

Sag jetzt dein Mantra auf. Sprich es laut aus, trage es dir vor, den ganzen Tag lang immer wieder. Spüre es, liebe es, glaube daran, schwelge in ihm, werde eins mit ihm, wiederhole es ein ums andere Mal. Sag es direkt vor dem Einschlafen und gleich nach dem Aufwachen auf.

Tag 9
Erschaffe dir ein Ritual

Im Studium kannte ich einen Typen namens Dave. Eines Tages betrat ich sein Zimmer im Studentenwohnheim und sah ihn dort am Schreibtisch sitzen, herausgeputzt in Anzug und Krawatte, mit polierten Schuhen, glänzendem Haar und vielleicht sogar Manschettenknöpfen. Vor ihm lagen einige aufgeschlagene Lehrbücher, er war offensichtlich gerade dabei zu lernen. Ich verwünschte mich innerlich dafür, nicht geklopft zu haben, da ich offensichtlich in eine sehr private und merkwürdige Situation hineingeplatzt war, aber Dave war ungerührt. »Ich habe morgen eine wichtige BWL-Klausur«, erklärte er. »Und ich habe festgestellt, dass ich mich besser konzentrieren kann, wenn ich mich entsprechend anziehe. Wer gut sein will, muss auch gut aussehen!« Ich war völlig hin und weg angesichts dieses ausgeprägten und ehrbaren Einsatzes für den Erfolg – vor allem, da zweifellos auch bei mir am nächsten Tag eine wichtige Klausur anstand und ich wahrscheinlich gekommen war, um seinem Zimmerkameraden ein bisschen Gras abzukaufen.

Rituale sind eine uralte und mächtige Kulturtechnik, um zu beten, Dankbarkeit zu zeigen und bedeutende Lebensereignisse wie Hochzeiten, Todesfälle, die Schwelle zum Erwachsenwerden, Erntezeiten, Bat- und Bar-Mizwas, Vollmond, Hochwasser und laut Dave eben auch wichtige BWL-Klausuren zu »zelebrieren«. Rituale sorgen für Zielstrebigkeit, ein Gefühl des Neubeginns, Feierlichkeit und Festtagsstimmung und können sich auch im Zusammenhang mit Gewohnheiten als äußerst hilfreich erweisen. In erster

Linie bewirken sie, dass wir uns auf das konzentrieren, was wir gerade tun, und uns eingehender damit befassen. Einer der Gründe, warum manche Leute sich zum Meditieren eine Kerze anzünden, ist, dass diese Handlung den Beginn eines wichtigen Ereignisses unterstreicht, ihre Aufmerksamkeit auf das richtet, was folgt, und den bevorstehenden Austausch mit dem allmächtigen Universum als das verdammt beeindruckende Ereignis kennzeichnet, das es ist. Ohne die Kerze würden sie vielleicht in Versuchung geraten, sich einfach mitten während eines geschäftigen Tages kurz auf den Boden fallen zu lassen und im Hinterkopf die ganze Zeit zu denken: *Na ja, vielleicht schaffe ich es, 20 Minuten durchzuhalten, vielleicht auch nicht.* Die Kerze steht für volle Aufmerksamkeit, Konzentration, Respekt – kein leeres Getue.

Rituale im Zusammenhang mit unseren Gewohnheiten dienen zudem als eine Art anerkennendes Nicken. Sie unterstreichen, dass wir uns selbst und unser Vorhaben ernst nehmen. Dabei ist es völlig egal, ob wir uns das laute Rülpsen abgewöhnen oder etwas gegen den internationalen Menschenhandel unternehmen wollen: Wir müssen anerkennen, dass wir tagtäglich an unserem Ziel arbeiten und dass das ein heiliger Akt ist.

Je mehr wir uns selbst wertschätzen, desto wahrscheinlicher ist es, dass wir gute Gewohnheiten aufbauen und schlechte loswerden.

Ich habe gehört, dass Tom Cruise die Gewohnheit hat, sich mit den Fäusten auf die Brust zu trommeln und laut herauszubrüllen, wie großartig er ist, um sich in Stimmung zu bringen, bevor er vor die Kamera tritt. Manche Familien halten sich vor dem Essen an den Händen und beten, um Gott für die Speisen zu danken. Einige indigene Stämme in Nordamerika führen Tänze durch, um den Regen anzurufen. Mein Hund sitzt neben meinen Füßen, senkt feierlich den Kopf, legt mir eine Pfote auf das Knie und ruft den Gott des Gassigehens an.

Hier sind ein paar weitere Beispiele, die dir dabei helfen können, das perfekte Ritual für dich und deine Gewohnheit zu finden:

- Wenn du auf eine bessere Figur hinarbeitest, schau vor dem Sport in den Spiegel, erkenne an, was dein Körper alles für dich tut, und danke ihm für seine treuen Dienste im Verlauf der Jahre.
- Wenn du jeden Tag eine Stunde lang Französisch lernst, bereite dir eine besondere Tasse Kaffee oder Tee zu oder schenke dir ein Glas Saft ein, um die Lektion einzuläuten. Sag nach dem ersten Schluck laut: »Je suis so unglaublich brillante.«
- Wenn du es dir zur Gewohnheit machst, mehr in der Gegenwart zu leben, achte beim Essen ganz bewusst auf jeden Bissen. Kaue langsam und nimm den Geschmack in allen seinen Facetten wahr, spüre die Nährstoffe, die über das Schlucken in deinen Körper gelangen, und sei so dankbar dafür, dass du über Speisen, die dich nähren, und Zähne, mit denen du sie kauen kannst, verfügst, dass dir Tränen der Rührung in den Augen stehen.

- Wenn du mit dem Rauchen aufhörst, atme jeden Morgen dreimal tief ein und stell dir deine gesunden, glücklichen Lungen vor, die jetzt noch gesünder und glücklicher werden. Mach das Gleiche, wenn es dich akut nach einer Zigarette gelüstet.
- Wenn du dich bemühst, deinem Partner oder deiner Partnerin gegenüber liebevoller und wertschätzender zu sein, lege jeden Morgen ein bestimmtes Armband, ein Paar Ohrringe oder eine Uhr an, zur Erinnerung an deine Offenheit, deine Dankbarkeit für all die schönen Dinge, die du ihm oder ihr zu verdanken hast, und deine Absicht, ihn oder sie so zu lieben, wie er oder sie noch nie zuvor geliebt wurde.
- Wenn du jeden Tag zusammen mit einem Freund zu Fuß zur Arbeit gehst, überlegt euch einen speziellen Handschlag zur Begrüßung, als Symbol für euren tatkräftigen Einsatz für eure Gesundheit und eure Freundschaft.
- Wenn du dir abgewöhnst, an den Fingernägeln zu kauen, nimm einen Ring und stecke ihn jeden Morgen von der einen Hand auf die andere, um so einen neuen erfolgreichen Tag einzuläuten.
- Wenn du daran arbeitest, ein aufmerksamerer, netterer und mitfühlenderer Mensch zu werden, trag stets einen Stein in der Tasche, der dich daran erinnert, dich auf dein Herz zu besinnen.
- Wenn du jeden Morgen oder Abend eine Liste der Dinge erstellst, für die du dankbar bist, setz dich voller Bedacht hin, spüre, wie dein Po den Stuhl berührt, und mach dir bewusst, dass sich dein Körper auf einem Planeten befindet, der durch das unendliche All rast, und du nun

mithilfe deines magischen Stiftes die gewaltige Kraft der Dankbarkeit heraufbeschwören wirst.

Auch das tägliche Wiederholen des Mantras ist ein Ritual. Sprich es daher jetzt direkt noch einmal aus.

Tag 10
Der ultimative Fokus

Vor langer, langer Zeit, als ich noch in Manhattan lebte, saßen eine Freundin und ich einmal auf einer Parkbank und aßen unser Mittagessen. Wir waren so in unser Gespräch vertieft, dass wir gar nicht bemerkten, wie in der Bank auf der gegenüberliegenden Straßenseite eine Alarmsirene losging. Erst als das Geheule nach einer guten Viertelstunde aufhörte, dachten wir plötzlich: *Wow, wie schön ruhig es auf einmal ist!* Wir waren so sehr an Krach und Chaos gewöhnt, dass uns die Stille mehr auffiel als der Lärm. In diesem Augenblick erkannte ich: *Hm, vielleicht ist es Zeit, aus der Stadt wegzuziehen.*

Unterbewusst neigen wir häufig dazu, Gedanken und Überzeugungen hinzunehmen, die uns buchstäblich aus der Ruhe bringen, die uns ausbremsen und dafür sorgen, dass wir uns schlecht fühlen. Wir behandeln diese Gedanken und Überzeugungen, als bildeten sie die Wahrheit ab: *Ich bin eine Versagerin. Niemand liebt mich. Ich habe ein wahnsinnig schlechtes Gedächtnis. Ich werde immer dick sein. Niemand hört mir zu. Mein Gesicht sieht aus wie eine misslungene Kinderzeichnung.* Bis wir uns besinnen und erkennen: *Hey, warte mal kurz, das ist doch Unsinn. Ich habe die Macht der Entscheidung. Von nun an richte ich meine Aufmerksamkeit auf die Gedanken und Überzeugungen, die mir Freude, Erfolg und Seelenfrieden bescheren.*

Wie schon in Kapitel 1 beschrieben, erzeugen wir stets mehr von demjenigen, auf das wir unsere Aufmerksamkeit richten. Daher ist es wichtig und äußerst hilfreich, dass du den mächtigen Blick deines Bewusstseins beim Aufbau deiner neuen Gewohnheit auf die richtigen Dinge lenkst und ihn nicht abschweifen lässt. Aus diesem Grund geht es am heutigen Tag ganz um die Stärkung des äußerst wirksamen Instruments namens »Fokus«. Heute wachen wir wie Helikoptereltern über unser Gehirn, wir lassen es keinen Augenblick aus den Augen und achten genau darauf, was es tut. Egal, ob du dir einen Faden um das Handgelenk bindest, dir ein Auge auf den Handrücken malst oder überall im Haus Notizzettel an die Wände klebst – erinnere dich auf irgendeine Weise daran, dass heute der Feiertag des positiven Fokus ist, und:

1. **Versuche, möglichst viele Dinge in deiner Umgebung zu entdecken, die deine neue Identität bestärken.** Achte zum Beispiel darauf, wie viele Menschen auf ganz unterschiedliche Weise topfit sind, wenn du dir gerade angewöhnst, regelmäßig Sport zu treiben. Sollte deine neue Gewohnheit darin bestehen, eine gesunde Beziehung zu führen, halte Ausschau nach glücklichen, einander liebenden Paaren. Falls du auf Milchprodukte verzichtest, richte den Blick auf die vielen tollen pflanzlichen Produkte im Supermarkt und auf die köstlichen Speisen, die keine Milchprodukte enthalten und die du deshalb essen kannst. Wenn du daran arbeitest, nur noch wohlwollende Dinge über dich selbst zu sagen, kannst du dir die vielen Gründe vor Augen führen, warum du einfach einzigartig bist, und Komplimente anderer annehmen und verinnerlichen. Wer dem Fast Food abgeschworen hat, kann sich daran erfreuen, wie glorios ein Pfirsich im perfekten Reifezustand ist. Erschaffe eine Beweisgrundlage dafür,

dass deine neue Gewohnheit wirklich machbar und für dich erreichbar ist und im Grunde gleich hinter der nächsten Ecke wartet.

2. **Richte deine Aufmerksamkeit auf die Tatsache, dass du dir einen Gefallen tust, anstatt ständig zu denken, dass du dir etwas versagst.** Denk beispielsweise nicht daran, wie gern du den ganzen Vormittag über im Bett liegen würdest, sondern mach dir bewusst, wie viel besser dein Leben ist, wenn du früh aufstehst und schon vor der Arbeit einen Spaziergang machst. Statt deine Gedanken um das verbotene Brot kreisen zu lassen, sei stolz darauf, dass du dir den aufgeblähten Bauch ersparst, den Weizenprodukte bei dir zur Folge haben. Um dich davon abzuhalten, deiner besten Freundin bis ins letzte schillernde Detail darzulegen, was für ein Vollidiot dein »Nachts-gehört-die-Musik-auf-volle-Lautstärke«-Nachbar ist, genieße deine bewusste Entscheidung, dich in der wenigen Zeit, die ihr habt, über wichtige Dinge zu unterhalten, nicht über das bescheuerte Verhalten anderer. Denk an all die Vorteile, die deine neue Gewohnheit mit sich bringt, schreib sie auf und führe dir vor Augen, wie gut du dir damit tust.

3. **Füge einen Abschnitt in dein Notizbuch ein, in dem du festhalten und verfolgen kannst, wie es sich anfühlt, die neue Gewohnheit zu genießen, und halte heute Ausschau nach entsprechenden Momenten.** Egal, wie nervig die

einzelnen Schritte auch sein mögen, es gibt auch Zeiten, in denen die neue Gewohnheit uns Freude bereitet. Wenn ich meditiere, spüre ich beispielsweise manchmal einen aufgeregten Hüpfer im Bauch: *Wow, ich stehe in Verbindung mit dem Göttlichen!* Wenn ich Zahnseide benutze, wird mir hin und wieder schlagartig klar, dass ich tatsächlich ein Mensch bin, der sich die Zähne reinigt, der sich um das Wohlbefinden seines Zahnfleisches kümmert und es geschafft hat, sich etwas derart Langweiliges anzugewöhnen … das fühlt sich gut an! Bei mir macht sich die Freude für gewöhnlich tief unten im Magen bemerkbar, und ich möchte, dass auch du herausfindest, wo das Gefühl der Freude bei dir im Körper zutage tritt und welche Gedanken dir in solchen Momenten durch den Kopf gehen. Schreibe all diese Details in dein Notizbuch und rufe sie dir in Erinnerung. Gehe jedes Wort im Kopf durch und lege die Hand auf die entsprechende Stelle im Körper – bevor oder während du dich deiner Gewohnheit widmest. Das hilft dir dabei, am Ball zu bleiben, wenn dir eigentlich überhaupt nicht danach ist. Je häufiger du diesen Ablauf wiederholst, desto automatischer bringt dein Geist die entsprechende Gewohnheit mit einem Gefühl der Vorfreude und des Vergnügens in Verbindung statt mit Langeweile/Widerwillen/Trägheit.

4. **Tritt einen Schritt zurück und schaue auf das große Ganze.** Es ist leicht, sich von den Wirren und kleinen Aufregern des Lebens mitreißen zu

lassen, aber es steht uns immer frei, die Dinge aus einer umfassenderen, tiefgründigeren Perspektive zu betrachten. Solltest du beispielsweise herausfinden, dass deine beste Freundin eine Affäre mit deinem Freund hat, würdest du wahrscheinlich erst einmal rasen vor Wut. Wenn es sich nun aber so ergäbe, dass du auf dem Höhepunkt deines Zorns nur knapp einer Haiattacke entkommst oder einen Flugzeugabsturz überlebst, würdest du die Dinge plötzlich aus einer anderen Perspektive sehen und dein Beziehungsdrama gar nicht mehr als so dramatisch empfinden. Stattdessen würde deine Dankbarkeit dafür, noch am Leben zu sein, in den Mittelpunkt rücken, und der Gedanke daran, wie die beiden nackt im Bett liegen, träte – obwohl er natürlich immer noch widerwärtig und schmerzhaft wäre – in den Hintergrund. Zum Glück sind wir nicht auf derart haarsträubende Erlebnisse angewiesen, um einen Schritt zurückzutreten und unser Leben wertzuschätzen. Es reicht, wenn wir uns bewusst dafür entscheiden. Erweitere deinen Blickwinkel und führe dir vor Augen, dass das 21-Tage-Programm nicht auf den Moment ausgelegt ist, sondern sich auf dein ganzes Leben auswirkt. All deine guten Gewohnheiten führen in der Summe dazu, dass du die beste Version deiner selbst verwirklichst.

Sag jetzt dein Mantra auf. Sprich es laut aus, trage es dir vor, den ganzen Tag lang immer wieder. Spüre es, liebe es, glaube daran, schwelge in ihm, werde eins mit ihm, wiederhole es ein ums andere Mal. Sag es direkt vor dem Einschlafen und gleich nach dem Aufwachen auf.

Tag 11
Kleine Häppchen

Wenn ich einen langen und wichtigen Text verfasse, habe ich diese völlig bescheuerte Angewohnheit, den Schreibprozess abzubrechen, sobald ich merke, dass mir die Worte nur so aus den Fingern strömen und ich mich im Fluss befinde – dann stehe ich auf und mache mir einen Kaffee, schaue in meine E-Mails, beschließe, auf der Stelle Trompete spielen zu lernen, räume die Garage auf oder baue mir ein Baumhaus. Das ist Selbstsabotage in Reinform, aber zum Glück bin ich mir des Problems bewusst und habe gelernt, meinen Drang nach Ablenkung zu beherrschen, indem ich mir klare Zeitfenster setze. Ich stelle den Timer auf meinem Handy auf 20 Minuten und darf in dieser Zeit weder auf die Toilette gehen noch mir einen Snack holen, Textnachrichten lesen, vor mich hinkritzeln oder irgendetwas anderes machen als zu schreiben, egal, wie sehr ich mich innerlich winde. Dann gönne ich mir eine kurze Pause. Anschließend stelle ich den Timer erneut auf 20 Minuten. Es kommt vor, dass ich die Zeitfenster, sobald ich erst einmal zur Ruhe gekommen bin und erkannt habe, dass ich nicht in Flammen aufgehe, wenn ich mich auf das Schreiben konzentriere, auf 25 Minuten, 30 Minuten usw. ausdehne. Manchmal bleibe ich aber auch den ganzen Tag lang bei 20 Minuten. Es kommt nicht auf die Länge der Abschnitte an, sondern darauf, sie ernst zu nehmen und keine Ablenkung zuzulassen. Und die Pause ist keine Pflicht – wenn ich richtig im Fluss bin, schreibe ich einfach weiter. *Wow, guck dir das mal an, ich bin immer noch dabei, obwohl ich gar nicht mehr müsste. Wie kann das denn sein?*

Mir ist klar: Sobald ich den Zeitfenstern auch nur den geringsten Teil ihrer Bedeutung abspreche – sie sind die Bausteine meiner gesamten Welt –, mir eine klitzekleine Ausnahme genehmige und dadurch Minuten verschwende, bin ich geliefert.

Die vielen kleinen Momente in unserem Leben ergeben in der Summe die Gesamtheit dessen, wer wir sind.

Es sind diese kleinen Augenblicke, die darüber entscheiden, ob wir grundsätzlich erfolgreich sind oder erfolglos bleiben, ob wir gesund leben oder ungesund, ob wir glücklich sind oder unglücklich, ob wir uns hinsetzen und ein ganzes Buch schreiben oder ob nur eine nützliche Broschüre dabei herauskommt. Gewöhne dir an, die kleinen Meilensteine auf dem Weg zum Erfolg so zu betrachten, als seien sie jeweils ein großer Sprung nach vorne (was tatsächlich so ist), wenn du dir eine Realität erschaffen willst, die dich vor Freude tanzen lässt. Und außerdem: 20 Minuten, also bitte – wie schwer kann es sein, etwas 20 Minuten lang durchzuhalten?

Unser süßes kleines Gehirn ist wahnsinnig schnell überfordert, vor allem wenn wir unser Leben zum Positiven verändern wollen. Warum spielt es uns immer den Gedanken zu, es gäbe so unglaublich viel zu tun? *Zusätzlich zu all dem, was ich ohnehin schon zu erledigen habe, muss ich jetzt auch noch ein*

Gedankentagebuch schreiben, meinen Fokus auf die richtigen Dinge lenken, mein Mantra aufsagen, Kleidung für den nächsten Tag rauslegen und mich jeden Morgen pünktlich ins Fitnessstudio schleppen? Sich neue Gewohnheiten anzueignen, kann überwältigend wirken, insbesondere wenn wir eine lebenslange Verhaltensweise ändern wollen. Deshalb ist es so genial und befreiend, Dinge Tag für Tag anzugehen: Das streicht das ungeheuerliche Konzept »für immer« aus der Gleichung und ermöglicht uns, alte Verhaltensweisen sanft abzulegen, statt sie uns gewaltsam zu »amputieren«. Außerdem erlaubt uns diese Vorgehensweise, einen Schritt zurückzutreten und uns im Umgang mit Unvollkommenheit, langwierigen Prozessen und Geduld zu üben, indem wir anerkennen, dass Veränderungen eben ihre Zeit brauchen. Du wirst gute Tage und schlechte Tage erleben, aber entscheidend ist, dass du deinen Blick immer auf das Gute richtest und dir das Schlechte verzeihst.

Nimm dir nun einen Augenblick Zeit, um dir zu überlegen, wie du deine Gewohnheit in kleine, häppchengroße Aufgaben oder Zeitfenster einteilen kannst. Hier sind ein paar Beispiele, die dir als Denkanstoß dienen können:

- Schreibe jeweils nur eine Seite deines Buches.
- Schwimm heute Morgen nur 20 Bahnen.
- Setz dich heute nur fünf Minuten ans Klavier, beim nächsten Mal sieben Minuten und dann zehn.
- Gib während des gemeinsamen Mittagessens mit Freunden keinen einzigen fiesen Kommentar über jemanden ab.
- Beschränke dich dieses Mal auf zehn Sit-ups. Mach beim nächsten Mal zwölf, dann 15.

- Rufe nur drei potenzielle Kunden an, bevor du vom Schreibtisch aufstehst.
- Vermeide es erst einmal, nur heute zu fluchen.
- Benutze nur heute Morgen Zahnseide.
- Leg dein Handy nur für den einen Abend in die Schublade und genieße die Mahlzeit mit deiner Familie.

Sag jetzt dein Mantra auf. Sprich es laut aus, trage es dir vor, den ganzen Tag lang immer wieder. Spüre es, liebe es, glaube daran, schwelge in ihm, werde eins mit ihm, wiederhole es ein ums andere Mal. Sag es direkt vor dem Einschlafen und gleich nach dem Aufwachen auf.

Tag 12
Zähme deine Impulse

An Tag 5 haben wir schon darüber gesprochen, wie wir uns Verhandlungsversuchen mit uns selbst entziehen können. Heute wollen wir noch einen Schritt weiter gehen und nicht nur jedes Zugeständnis verweigern, sondern den Impuls gleich dazu nutzen, eine hilfreiche Handlung oder einen positiven Gedanken anzustoßen. So verwandelt sich der Drang nachzugeben von einer destruktiven Verlockung in eine konstruktive Erinnerungshilfe.

Wenn dich beispielsweise der Heißhunger auf Kekse überkommt, nutze den Impuls, mit dir selbst zu verhandeln oder dir eine Ausnahme zu genehmigen, als Aufforderung dazu, ein großes Glas Wasser zu trinken. Sobald du dich bei dem Gedanken ertappst, die Morgenmeditation vielleicht doch auszulassen, nimm deine Unwilligkeit zum Anlass, fünfmal dein Mantra aufzusagen, bevor du dich auf deinen Hintern setzt und zu meditieren beginnst. Statt von deinem freiwilligen Engagement als Lesehelfer zurückzutreten, nimm deine innere Faulheit als Ansporn, deine Zusage noch auszuweiten. Nutze den Impuls, dich krankzumelden, als Anstoß, dir die aufgeregten kleinen Gesichter der Kinder vor Augen zu führen, sobald sie die Buchstaben eines neuen Wortes aneinanderreihen können und es plötzlich verstehen. Bist du versucht, dich auf einer Party neben die Käseplatte zu stellen und einen Cheddar-Würfel nach dem anderen zu verdrücken, stell dir vor, wie die ungewollten Kilos schmelzen und dir von den Hüften fließen. Verspürst du den Drang, einen selbstgehässigen Spruch zu bringen, mach stattdessen jemandem ein Kompliment – zum Beispiel dir selbst.

Entscheidend ist, sofort eine Ersatzhandlung parat zu haben, damit du vorbereitet bist, sobald (nicht falls) du in Versuchung gerätst. Überlege dir eine hilfreiche Handlung oder einen positiven Gedanken, schreib sie oder ihn in dein Notizbuch und greife darauf zurück, wenn der Verhandlungsdrang es mal wieder wagt, dir und deiner Gewohnheit das Leben schwer machen zu wollen. Wie du mit einer Situation umgehst, liegt immer in deiner Hand. Entscheide dich bewusst dafür, solche Impulse als konstruktiven Anstoß zu betrachten, nicht als Gewohnheitskiller.

Sag jetzt dein Mantra auf. Sprich es laut aus, trage es dir vor, den ganzen Tag lang immer wieder. Spüre es, liebe es, glaube daran, schwelge in ihm, werde eins mit ihm, wiederhole es ein ums andere Mal. Sag es direkt vor dem Einschlafen und gleich nach dem Aufwachen auf.

Tag 13
Erinnere dich daran, dich zu erinnern

Heute feiern wir die Tatsache, dass du bereits mehr als die Hälfte der 21 Tage geschafft hast, indem wir einen Augenblick innehalten und uns daran erinnern, was für ein wunderbares Geschöpf du bist. Werfen wir als Allererstes einen wohlwollenden Blick auf das, was du in den vergangenen Wochen erreicht hast: Du hast dich immer wieder aufgerafft, du hast dich mit deinen Stärken und Schwächen auseinandergesetzt, du hast deine konkreten Wünsche, Gedanken und Vorhaben formuliert, du hast die Möglichkeit eines Scheiterns akzeptiert, du hast dich in die richtige Position für deinen Erfolg gebracht, du hast die Verantwortung für dein Lebensglück übernommen, du hast beschlossen, deine Ziele zu erreichen, du hast deine altbekannten Ausreden zerlegt, du hast dich aus deiner Komfortzone hinausgewagt, und du hast bewiesen, dass du über genügend Selbstvertrauen und Selbstliebe verfügst, um in Zukunft ein besseres Leben zu führen.

Du kannst buchstäblich alles erreichen, was du dir vornimmst. Es ist egal, wie häufig du es verbockt hast, weil alle deine Misserfolge und Bauchklatscher Teil deines Weges sind.

Du entscheidest selbst, wie du deine Fehler einordnest – als Beweis für deine Unfähigkeit, als Beweis dafür, dass du es immerhin versucht hast, als Beweis dafür, dass du offenbar noch eine Lektion lernen musstest, als Beweis für deine Weiterentwicklung, als Beweis dafür, dass sich nichts ändern lässt, oder als Beweis dafür, dass dir so etwas nie wieder passieren wird. Du weißt, dass dein Blickwinkel darüber bestimmt, wie du die Realität wahrnimmst, und obwohl du diese Tatsache manchmal aus den Augen verlierst, gelingt es dir doch immer besser, dir ihrer bewusst zu sein.

Denk daran, dass deine größten Wünsche dir deshalb so wichtig sind, weil sie dir vorherbestimmt sind. Denk daran, dass du über die Mittel verfügst, diese Ziele greifbar zu machen, indem du an das glaubst, was man noch nicht sehen kann. Indem du deine Gedanken und Worte an den lauten Rufen deines Herzens ausrichtest und nicht an deinen Ängsten. Indem du dich mit außergewöhnlichen Menschen umgibst, deine Gewohnheiten bewusst so gestaltest, dass sie deinem neuen Ich entsprechen, und immer wieder Dinge unternimmst, die dich im ersten Moment möglicherweise gequält aufstöhnen lassen.

Du bist Teil eines unendlichen Universums – du bist mächtig und großartig, und wenn du meinst, dass du die Dinge, die dein Herz zum Singen bringen, nicht erreichen kannst oder solltest oder sie nicht verdient hättest, ist das genauso lächerlich, als würde ein Baum meinen, er solle nicht wachsen, die Sonne glauben, sie solle nicht untergehen, oder ein Schaf sich überlegen, lieber nicht zu blöken.

Wenn du dich an die Arbeit machst und beschließt, dir hammermäßige Gewohnheiten anzueignen, rufst du dir (durch die Neuausrichtung deines Geistes) im Grunde nur in Erinnerung, wer du wirklich bist.

Du bist hier, um zur authentischsten, glücklichsten, leuchtendsten, funkelndsten Version deiner selbst aufzublühen. Dadurch verhilfst du dir nicht nur dazu, ein vielfach schöneres Leben zu führen, als du es tätest, wenn du dich grau und bedeutungslos irgendwo im Schatten herumdrücken würdest, sondern bringst durch deinen Glanz auch alle anderen in deiner Umgebung zum Strahlen. Wenn du dein bestes Ich hervorkehrst, springt der Funke auf andere über, du inspirierst sie und zeigst ihnen, was auch für sie möglich ist.

Sag jetzt dein Mantra auf. Sprich es laut aus, trage es dir vor, den ganzen Tag lang immer wieder. Spüre es, liebe es, glaube daran, schwelge in ihm, werde eins mit ihm, wiederhole es ein ums andere Mal. Sag es direkt vor dem Einschlafen und gleich nach dem Aufwachen auf.

Tag 14
Die Kraft der Worte

Wer glaubt, dass Worte wenig bewirken können, ist niemals meiner Highschool-Basketballtrainerin über den Weg gelaufen. Sie konnte jeden zu allem überreden: auch die 1,80 Meter große, Basketball verabscheuende Neuntklässlerin Jen Sincero dazu, dem Schulteam beizutreten. Da mir jedes Talent dafür abging, bei meinen Mitschülern beliebt zu sein oder meine Gliedmaßen koordiniert zu bewegen, hatte ich wahnsinnige Angst davor, mit den älteren Mädchen zusammenzuspielen und meine Schlaksigkeit und meinen Mangel an athletischer Kompetenz offen zur Schau zu stellen. Meiner Trainerin allerdings war mein Geschick, mir den Ball versehentlich auf den Fuß fallen zu lassen oder auf den falschen Korb zu werfen, völlig egal. Sie sah nur ein Mädchen mit krakenartigen Armen vor sich, das größer war als weite Teile von Westchester County – erwachsene Männer eingeschlossen.

»Hol dir den Ball und passe. Kein Zwischenschritt, kein Wurf auf den Korb, gib ihn einfach direkt weiter. Du bist unsere Geheimwaffe, Sincero, dank dir holen wir uns die Meisterschaft!« Ihre Anfeuerungsreden beinhalteten auch Schlagworte wie »Star«, »herausragend« und »Pizzaparty«, und so kam es, dass ich trotz höllischer Schienbeinschmerzen und vieler neuer Spitznamen, die mir meine unerwartete Sportkarriere natürlich bei meinen Mobbern einbrachte (»Goliath«, »Gigantor«, »Sigmund das Seeungeheuer«), einen Großteil des neunten Schuljahrs damit verbrachte, in einem schlecht sitzenden Basketballdress auf dem Spielfeld herumzurennen, während meine knochigen Knie wie Kokosnüsse aneinanderschlugen.

Irgendwie überstand ich die Saison, und vielleicht hätte die Trainerin es sogar geschafft, mich auch im folgenden Jahr wieder ins Team zu locken, wenn sie nicht jeden Vertrauensbonus verspielt hätte, als sie mich trotz meiner Proteste dazu brachte, mich zum Sportfest in ein Bibo-Kostüm aus der Sesamstraße zu zwängen – was sie offenbar für eine gute Idee hielt. Ich sage nur so viel: In knallgelben Leggings, einem federbesetzten Body und mit einem als Schnabel dienenden Verkehrskegel vor der Nase auf das Footballfeld zu marschieren, an der Seite meiner um einen Kopf kleineren Klassenkameraden, war mehr, als meine wackelige gesellschaftliche Stellung verkraften konnte. Damit war meine Toleranzgrenze für Demütigungen endgültig überschritten. Von nun an war ich gegen die Schmeicheleien meiner Ex-Trainerin immun, und das Basketballteam der Schule musste beim nächsten Kampf um die Meisterschaft auf meine zwei Kokosnüsse verzichten.

Später habe ich mich dazu überreden lassen, einen riesigen Fernseher zu kaufen, den ich weder wollte noch brauchte. Ich habe meine kleine Schwester davon überzeugt, dass meine Eltern sie adoptiert hätten und ihr Vater der Furcht einflößende Säufer sei, der immer beim Dorfladen an der Wand lehnte. Und, mal ehrlich, die meisten von uns sind schon einmal in einen Friseursalon gegangen, um sich die Spitzen schneiden zu lassen, nur um hinterher mit einem furchtbaren Haarschnitt wieder herauszukommen, von dem die aufdringliche Friseurin meinte, er würde uns sicherlich hervorragend stehen.

Achte auf deine Worte. Und auf die aller anderen.

Deine Worte erschaffen deine Realität. Das bedeutet übersetzt: Wenn du darüber sprichst, wie faul du bist, wie schlecht du dir Geburtstage merken kannst, wie sehr sehr sehr du die Zigarette zum Kaffee genießt oder wie wenig Willenskraft du hast, dann ist das auch so. Achte heute einmal ganz bewusst darauf, welche Worte dir über die Lippen kommen und dir durch den Kopf gehen. Auch hier gilt: Wenn du eine Gedächtnisstütze brauchst, um deinen roboterhaften Denkmodus zu durchbrechen, binde dir einen Faden um das Handgelenk, verteile Notizzettel im ganzen Haus oder klebe irgendetwas auf dein Handy – was auch immer dich daran erinnert, dass sich heute alles um deine (gesprochenen und/oder gedachten) Worte dreht.

Dein Mantra sagst du jetzt schon seit einiger Zeit jeden Tag auf, aber gibt es noch andere Wege, die Macht der Worte zugunsten deines neuen Ichs zu nutzen? Aber ja! Als Erstes versetzt du dich am besten wieder ganz in die Person hinein, die du anstrebst zu sein, und versuchst, so zu sprechen, wie diese Person den ganzen Tag über spricht – so als seist du eine Handpuppe am Ende ihres Armes. *Was würde meine Gewohnheitsheldin sagen?* Die nächsten Schritte sehen so aus:

- **Hüte dich vor Formulierungen wie:**
  Ich kann nicht...
  Ich wünschte ...
  Ich will ...
  Ich würde gern ...
  Ich bin wahnsinnig schlecht darin, ...
  Ich versuche, ...
  Ich hasse es, ...
  Und ersetze sie durch:
  Ich kann ...
  Ich bin dabei, ...
  Ich bin ...
  Ich erschaffe ...
  Ich liebe es, ...
  Ich bin super darin, ...
  Ich bin so dankbar, dass ...
- **Achte darauf, wann du für gewöhnlich Dinge sagst und denkst, die nicht zu deinem neuen, hammermäßigen Ich passen, und lass es sein.** Und wenn du schon dabei bist, ersetze die negativen Aussagen am besten gleich durch entgegengesetzte, bestärkende Worte und Gedanken.
- **Verfasse mithilfe der wirkungsvollen Formulierungen auf der Liste weiter oben drei Aussagen, die der Mensch, zu dem du gerade wirst, sagen würde, und wende sie noch heute an.** Wenn diese Aussagen das Gegenteil dessen sind, was dein altes Ich sagen würde, gibt das Extrapunkte.
- **Übe dich im bewussten Umgang mit den Worten, denen du ausgesetzt bist.** Wenn du toxische, problem-

atische oder herabsetzende Aussagen hörst oder liest, die dich aus der Bahn werfen könnten, stell den Fernseher aus, leg die Zeitung weg, schließ das Dokument, entziehe dich der Situation, ignoriere die Worte oder – solltest du einem arroganten Schwafler gegenüberstehen, dem du nicht entkommen kannst – blende die Worte aus, indem du gedanklich ein ums andere Mal dein Mantra wiederholst.

Sag jetzt dein Mantra auf. Sprich es laut aus, trage es dir vor, den ganzen Tag lang immer wieder. Spüre es, liebe es, glaube daran, schwelge in ihm, werde eins mit ihm, wiederhole es ein ums andere Mal. Sag es direkt vor dem Einschlafen und gleich nach dem Aufwachen auf.

Tag 15
Stärke dein Selbstvertrauen

Selbstvertrauen bedeutet, wie das Wort schon sagt, auf sich selbst zu vertrauen, an die eigene Kraft und Intelligenz zu glauben und sich sicher zu sein: *Ich schaffe das.* Selbst wenn du gar nicht so richtig weißt, was du da eigentlich tust, vertraust du trotzdem darauf, dass du es schon herausfinden wirst. Gerade beim Aneignen hilfreicher neuer Gewohnheiten müssen wir unbedingt darauf vertrauen, dass wir Erfolg haben werden, denn sonst verschlingen uns die Meckerer und Zweifler und Sofakissen und Raucherecken und Konditoreien der Welt, ohne auch nur mit der Wimper zu zucken – und unsere guten Absichten gleich mit.

Die gute Nachricht ist, dass wir alle voller Selbstvertrauen zur Welt kommen. Wir müssen nicht erst losziehen und es uns aneignen – wir tragen es bereits in uns. Es reicht, wenn wir die hinderlichen Gedanken aus dem Weg räumen und unser wahres Ich zum Vorschein kommen lassen.

Sämtliche Ängste, Zweifel und Sorgen, die wir in Hinblick auf uns selbst und unsere Großartigkeit hegen, haben wir von den Menschen in unserer Umgebung übernommen oder aus unseren zeitweiligen Misserfolgen abgeleitet. Sie entsprechen nicht der Wahrheit.

Yoga liegt mir einfach nicht. Ich kann überhaupt nicht singen. Manchmal raste ich einfach aus. Ich bin total chaotisch – all das sind nur Überzeugungen. Eine Möglichkeit, sie loszuwerden, besteht darin, unser Selbstvertrauen zu stärken. Genau das wollen wir heute tun.

Hier sind einige meiner Lieblingstipps für eine ordentliche Ladung zusätzliches Selbstvertrauen:

1. **Der Körper weist den Weg.** Unser Körper und unser Geist sind absolut beste Freunde. Sie tauschen sich ständig miteinander aus, erzählen sich alles und finden nichts schöner, als einer Meinung zu sein. Ist unser Geist beispielsweise gestresst und schlägt sich mit düsteren Gedanken herum, zeigt unser Körper sein Mitgefühl, indem wir kränkeln, Kopfschmerzen bekommen, an den Nagelhäuten herumzupfen und uns an Möbeln festhalten müssen, weil unser Kreislauf verrücktspielt. Wenn unser Geist glücklich und hoffnungsvoll ist, sind wir energiegeladen, wir leuchten von innen heraus, grinsen wie Honigkuchenpferde und strecken jedem die Hand zum Einschlagen entgegen. Umgekehrt empfinden wir Angst, Traurigkeit und Verzweiflung, wenn unser Körper von einem Auto angefahren oder von einer Schlange gebissen wird, und fühlen uns zufrieden, sexy und unbesiegbar, wenn wir fit sind, keinen Hunger leiden und dazu noch umwerfend schöne Schuhe tragen.
   Achte darauf, dass deine Körpersprache heute den ganzen Tag lang der einer selbstbewussten Person

entspricht, dann wirkt sich das auch auf dein leicht beeinflussbares Gehirn aus: Halte dich aufrecht, sitz gerade, lächele, atme langsam und tief ein und aus, drück den Rücken durch und positioniere die Füße schulterbreit auseinander, wenn du stehst. Die richtige Körperhaltung ist einer der einfachsten und wirksamsten Wege hin zu mehr Selbstvertrauen. Daher nimm die Sache ernst und achte bewusst darauf, wie dein Vertrauen in deine Durchsetzungskraft wächst.

2. **Tu so, als würdest du über genügend Selbstvertrauen verfügen.** Stell dir noch einmal vor, du wärst bereits der Mensch, zu dem du gerade wirst, und konzentriere dich ganz darauf, was für ein enormes Selbstvertrauen du ausstrahlst. Identifiziere dich heute den ganzen Tag über, ganz besonders aber kurz bevor du deine neue Gewohnheit in die Tat umsetzt (oder deine alte vermeidest), mit deinem neuen, absolut selbstbewussten Ich. Du bist so von dir und deinen Fähigkeiten überzeugt, so angstfrei, rational, selbstsicher und zielstrebig, dass du kaum einen Gedanken daran verschwendest, dass du dich »im Training« befindest. *Natürlich gehe ich jetzt laufen, das tue ich ja immer, und ich bin gut darin. Welcher Teller mit Keksen? Ich sehe nur meine sonnendurchflutete Küche und meine wunderbaren Kinder, die rund um den Tisch sitzen und eine Kleinigkeit essen. Ich kann mich gar nicht mehr daran erinnern, dass mir das Meditieren je schwergefallen wäre, es ist ein natürlicher Teil meines Tagesablaufes. Gibt es*

wirklich Leute, die Probleme damit haben? Verkörpere den ganzen Tag lang die selbstbewusste Person, die du schon bald sein wirst.

3. **Sammle Beweise.** Hol dein Notizbuch heraus und schreibe drei Ereignisse aus deiner Vergangenheit auf, bei denen du deine Zweifel überwunden und bewiesen hast, dass du etwas schaffen kannst. Das kann alles sein: vom Job, den du für unerreichbar hieltst, aber trotzdem bekommen hast, über die Dates mit dem Menschen, von dem du nie erwartet hättest, dass er dir Beachtung schenkt, deiner absoluten Traumreise bis hin zum Umzug mit der ganzen Familie quer durch das Land und dem Schach-Triumph über deinen Nachbar Billy »The Brain« McClain. Drei Ereignisse. Schreib sie auf. Siehst du? Dein Selbstvertrauen ist bereits da.

4. **Trainiere im geschützten Raum.** Baue deinen Selbstvertrauensmuskel durch kleine Aktionen Stück für Stück auf. Wenn dein Ziel darin besteht, deine Verkaufsqualitäten zu verbessern, fange damit an, deine Kinder von den vielen Vorzügen des pünktlichen Zubettgehens zu überzeugen. Wenn du gern besser zuhören möchtest, beschränke dich in den ersten fünf Minuten deines nächsten Gesprächs mit einem Fremden auf Blickkontakt, verständnisvolles Nicken und Nachfragen. Wenn du dich um ein offeneres Auftreten bemühst, übe, indem du dir selbst im Spiegel zulächelst und den Blickkontakt

hältst. Wichtig ist, dass du Dinge, die außerhalb deiner Komfortzone liegen, in einem sicheren Umfeld ausprobierst, wo das Ergebnis keine große Rolle spielt, sodass du nicht Gefahr läufst, gleich die Klippen hinunterzustürzen, falls doch etwas schiefgeht. Überlege dir drei kleine Trainingsaufgaben, um dein Selbstvertrauen zu stärken, und gehe sie noch heute an.

5. **Tu es anderen zuliebe.** Wenn uns das Selbstvertrauen fehlt, liegt das in den meisten Fällen daran, dass wir Angst haben, uns zu blamieren, zurückgewiesen zu werden oder alles zu verlieren, was wir haben (Geld, Würde, Freunde, unsere Arbeit, unsere Selbstachtung). Deshalb bringt es enorm viel, den Fokus von uns selbst auf andere zu verlagern und uns bei unserem Streben nach Selbstvertrauen daran zu orientieren, was wir anderen Menschen zu bieten haben. Einer der besten Ratschläge, den ich je erhalten habe, kam von einem Sprechcoach, der mir bei meinem Kampf gegen mein furchtbares Lampenfieber bei Bühnenauftritten half. Er meinte, ich solle mich als Medium für die Informationen betrachten, die ich vermitteln möchte (statt als jemanden, der dringend nach Bestätigung sucht). Natürlich solle ich mein Bestes geben, aber letztendlich spiele es keinerlei Rolle, ob das Publikum mich persönlich total beeindruckend oder einfach nur zum Gähnen fände. Meine Aufgabe sei es, die Informationen rüberzubringen und zwar so gut wie möglich.

Stehe zu dem Menschen, der du wirst, und mal dir aus, wie das, was du zu geben hast, durch deine Fingerspitzen nach außen dringt, wie dein Körper souveräne Energie ausstrahlt, wie wirkungsvolle Worte von deinen Lippen strömen. Betrachte dich als Medium für die wichtigen Botschaften, die das Universum deinen Erdengenossen zukommen lassen will, und mach dir bewusst, wie vielen Menschen du durch die Arbeit an dir selbst helfen wirst.

6. **Umgib dich mit einem Fanclub.** Wie schon an Tag 8 beschrieben, hat deine Umgebung enorme Auswirkungen auf dein Selbstbild, auf das, was du für möglich hältst, und darauf, wie leicht oder schwer es dir fallen wird, beim Frühstück die Finger vom Bier zu lassen. Außerdem beeinflusst deine Umgebung auch, wie viel Selbstvertrauen du hast, also behalte bitte im Blick, wie es um dich herum aussieht, und unternimm, wenn nötig, die richtigen Schritte. Lies anregende Bücher, verbringe Zeit mit Gleichgesinnten, die dich genial und unterhaltsam finden, halte dich von Menschen fern, die deine Fähigkeiten nicht zu schätzen wissen, und ebenso von Orten, die dich von deinem Ziel abbringen, dich runterziehen oder ein kostenloses Dessert zum Salat anbieten. Höre, schaue, iss, trage und unternimm Dinge, die Glücksgefühle und Selbstvertrauen in dir auslösen – je bewusster du deine Umgebung so gestaltest, dass sie dein Selbstvertrauen steigert, desto stärker wächst es.

7. **Denk daran: So ganz genau weiß niemand, was zum Teufel er eigentlich tut.** Haben manche Menschen grundsätzlich mehr Selbstvertrauen als andere? Ja, definitiv. Hat jeder eine Achillesferse, an der er empfindlich und unsicher ist? Hundertprozentig. Ich habe schon unzählige Menschen getroffen, die mit Blick auf ihre Schulzeit meinten: »Ich hatte zwar Freunde, war aber nie Teil einer bestimmten Gruppe. Ich war ein Außenseiter.« Wir alle hegen jahrzehntealte Minderwertigkeitskomplexe, und ich kann dir sagen, dass sogar einige der beliebten Mittelpunktskinder unserer Schulzeit, ja, selbst Tiffany Fanucci, die ich zufällig bei meinem letzten Besuch in meiner Heimatstadt getroffen habe, mir gegenüber zugegeben haben, dass sie sich immer fremd gefühlt hätten.

Wir bekommen leicht den Eindruck, dass alle anderen ihr Leben besser im Griff hätten, selbstbewusster und zufriedener wären oder schönere Urlaube machen würden als wir (danke, soziale Medien!), obwohl in Wahrheit alle hin und wieder aus dem Tritt geraten. Das soll aber nicht heißen, dass wir unser Leben als Wettbewerb betrachten oder uns ständig mit anderen vergleichen sollten – das halte ich für falsch. Ich will dir nur in Erinnerung rufen, dass niemand alles perfekt auf die Reihe bekommt. Auch du nicht. Also stell lieber keine unmöglichen Ansprüche an dich selbst, sondern versuch anzuerkennen, dass du ein einzigartiges Individuum bist, und genieße die Lernkurve deines einen und einzigen Lebens.

Sag jetzt dein Mantra auf. Sprich es laut aus, trage es dir vor, den ganzen Tag lang immer wieder. Spüre es, liebe es, glaube daran, schwelge in ihm, werde eins mit ihm, wiederhole es ein ums andere Mal. Sag es direkt vor dem Einschlafen und gleich nach dem Aufwachen auf.

Tag 16
Einfach buchen

Hast du je durch Charme einen Job ergattert, für den dir eigentlich die Erfahrung fehlte, und bist dann direkt in Panik verfallen (*Ich habe nicht die geringste Ahnung, was ich hier tue. Und diese armen Leute bezahlen mich auch noch dafür! Kann ich dafür ins Gefängnis kommen?),* nur um dann dank »Learning by doing« doch zurechtzukommen? Hast du je eine Reise gebucht, ohne eine Ahnung zu haben, woher du das Geld oder die Zeit dafür nehmen sollst, nur um dich wenige Monate später mit einem Cocktail in der einen und einem Selfie-Stick in der anderen Hand an einem weißen Sandstrand wiederzufinden, weil du auf stur geschaltet und einfach alles darangesetzt hast, doch genügend Zeit und Geld aufzutreiben? Hattest du je einen Abgabetermin für einen Bericht im Nacken, hast das Schreiben aber wochenlang aufgeschoben, jeden Tag nur so getan, als säßest du daran, hast außerdem eine erschreckend große Zahl von Stunden damit verbracht, halb durchzudrehen und dich bei Freunden auszuheulen oder in Embryohaltung vor dich hinzuschluchzen, nur um dann am letzten Abend einen Text herauszuhauen, der dir ein Riesenlob einbrachte? Wenn wir uns mit Abgabefristen, Ultimaten oder Friss-oder-stirb-Entscheidungen konfrontiert sehen, finden die meisten von uns schließlich doch einen Weg, den Kopf aus der Schlinge zu ziehen, auch wenn sie selbst nicht daran geglaubt haben.

Es gibt kaum eine wirksamere Motivationshilfe als blanke Panik, nicht erstattungsfähige Anzahlungen oder die Gefahr der öffentlichen Demütigung.

Die heutige Aufgabe besteht darin, etwas zu arrangieren, das dich dazu zwingt, deine neue Gewohnheit durchzuziehen. Wenn du daran arbeitest, jeden Morgen joggen zu gehen, melde dich bei einem Marathon an, für den du trainieren musst, um ihn durchzustehen, und sag allen deinen Freunden Bescheid, dass sie sich den Tag frei halten sollen, damit sie dein Gesicht auf T-Shirts drucken und dich mit ihren Anfeuerungsrufen über die Ziellinie tragen können. Wenn du Klavierspielen lernst, sag einer Freundin zu, auf ihrer Party ein Stück vorzutragen, oder kündige ein kleines Konzert in einer Bar oder über Facebook Live an. Organisiere eine große Feier zu deinem »Sechs-Monate-rauchfrei«-Jubiläum – verschicke die Einladungen, überweise der Band die Anzahlung, die du nicht wieder zurückbekommen würdest, und reiche Urlaub für den Tag ein. Besorge dir zur Belohnung für »Dreißig-Tage-Pilates-am-Stück« jetzt schon Tickets für die »Holiday on Ice«-Show in einem Monat.

Überlege dir etwas, das in der Zukunft liegt, und nutze den heutigen Tag dazu, es zu buchen, zu kaufen oder deine Freunde dazu einzuladen, damit die drohende Frist ihre furchterregende Macht entfalten kann und du deiner Gewohnheit treu bleibst.

Sag jetzt dein Mantra auf. Sprich es laut aus, trage es dir vor, den ganzen Tag lang immer wieder. Spüre es, liebe es, glaube daran, schwelge in ihm, werde eins mit ihm, wiederhole es ein ums andere Mal. Sag es direkt vor dem Einschlafen und gleich nach dem Aufwachen auf.

Tag 17
Sei dankbar

Ich könnte ganze Bücher über die Macht der Dankbarkeit schreiben, aber heute soll es darum gehen, wie sie dir dabei helfen kann, deine Gewohnheit dauerhaft in die Tat umzusetzen und wirklich der Mensch zu werden, der zu sein du bereit bist. Wie schon beschrieben liegt es immer in unserer Hand, worauf wir unseren Fokus richten und wie wir handeln, aber diese allmächtige Fähigkeit lässt sich am besten nutzen, wenn wir uns ihrer bewusst sind.

Nimm dir einen Augenblick Zeit, um auf dein bisheriges Leben zu schauen: Warst du je in einer Situation, in der du so etwas gedacht hast wie: *Verdammt, ich wünschte, ich hätte es zu Schulzeiten mehr krachen lassen, statt mich die ganze Zeit über zu dick und unsicher und total uninteressant zu fühlen?* Oder hast du je unter Stress, Nervosität und Durchfall gelitten, weil du Angst vor einem unangenehmen Gespräch oder einem wichtigen Schritt hattest, nur um hinterher festzustellen, dass alles völlig glatt lief? Und kannst du dir vorstellen, wie genial es in diesen Situationen gewesen wäre, die Aufmerksamkeit ganz auf das zu richten, wofür du dankbar sein konntest, statt auf die Angst und die Befürchtungen? Ja, es gibt viele beschissene Momente im Leben, in denen wir unter den unschönen Begleiterscheinungen, dem Chaos und den beschämenden Ergebnissen furchtbar falscher Entscheidungen leiden. Aber stell dir einmal vor, du würdest dich in diesen Augenblicken trotz aller Emotionen, Probleme und »Auf-die-harte-Tour«-Lektionen dennoch darauf besinnen, dass du dich auch für Wertschätzung, Dankbarkeit und Demut entscheiden kannst.

Dankbarkeit heißt nicht, die negativen Gefühle zu verdrängen, sondern sich nicht von ihnen vereinnahmen zu lassen.

Dankbarkeit und Miesepetrigkeit nebeneinander existieren zu lassen, ist wie vor dem Spiegel zu stehen und deprimiert auf die vielen Falten zu schauen, sich gleichzeitig aber auch in Erinnerung zu rufen, dass man nie wieder so jung sein wird wie jetzt gerade. Du musst nicht so tun, als fändest du die Falten toll, aber du solltest dich auch nicht von ihnen runterziehen lassen. Du kannst anerkennen, wie schön du jetzt gerade bist, deinen Falten dafür danken, dass sie der stolze Beweis eines Lebens voller Lachen sind, sie als Zeichen der Weisheit betrachten und dein Augenmerk auf die Teile deiner Gesichtshaut lenken, die aktuell faltenfrei sind.

Schließe für einen Moment die Augen, atme tief ein und überlege dir zehn Dinge, für die du dankbar bist. Denk an die Menschen, die dich lieben, die Tatsache, dass du lesen kannst, deine Gesundheit, Blumen, die Lebensmittel in deinem Kühlschrank, Musik, Gelächter, deine bisherigen Erfahrungen, einfach alles. Tauche ganz in deine Dankbarkeit ein und achte darauf, ob du dich nun leichter fühlst, fokussierter, gelassener, mächtiger, ob du eine stärkere Verbundenheit, mehr Liebe oder einfach Verwunderung darüber verspürst, wie viel Gutes dir zuteilgeworden ist. Mach dir bewusst, ob du irgendwo in deinem Körper ein freudiges Kitzeln bemerkst, und wenn ja, lege die Hand auf diese Stelle und schwelge für einen Augenblick in dieser körperlich spürbaren Dankbarkeit. Wer ein paar Tränchen verdrückt, erhält Extrapunkte. Stell dir einmal vor, wie anders dein Leben aussähe, wenn du dauerhaft von dieser Energie durchflutet wärst.

Dieses Gefühl steht dir immer offen – du musst nur deine Aufmerksamkeit auf das gerichtet halten, wofür du dankbar bist, und genau das wollen wir heute üben. Schreib zehn Gründe dafür auf, warum du dankbar dafür bist, deine neue Gewohnheit ausüben zu dürfen, denn du *musst* es ja schließlich nicht tun. Mach dir gleichzeitig bewusst, welche körperlichen und emotionalen Reaktionen das in dir auslöst. Wenn die Gewohnheit im Verlauf der Zeit ihren Neuigkeitswert verliert, kann gerade das bewusste Besinnen auf die Dankbarkeit dafür sorgen, dass wir durchhalten, anstatt entnervt das Handtuch zu werfen. Natürlich ist es eine Möglichkeit, deinen Blick einzig und allein darauf zu richten, wie wahnsinnig langweilig es ist, dich gesund zu ernähren und dir noch eine Portion Spinat reinzuschieben, obwohl du schon von Toastbrotbergen träumst, zu schreien anfängst, wenn du noch einmal das Wort »bio« hörst, und überlegst, ob ein einziger Tag mit einer Riesenportion Burger und Pommes wirklich so schlimm ist. ODER du konzentrierst dich auf das, wofür du dankbar bist:

- Deinen wundersamen Körper, der in der Lage ist, Blut durch deine Adern zu pumpen, zu tanzen, Haare wachsen zu lassen, Wunden zu heilen, Berührungen zu empfinden, ein köstliches Glas Wein zu schmecken und einen coolen Schal zu stricken.

- Die Tatsache, dass du es schaffst, deine erwünschte Realität herbeizuführen, statt dich mit dem zufriedenzugeben, was du hast.
- Die Tatsache, dass du deinen einzigartigen und wunderschönen Körper mit Nährstoffen versorgen darfst.
- Die Tatsache, dass du den Zaubertrick beherrschst, dir durch konzentriertes und richtiges Handeln deine Wünsche zu erfüllen.
- Die Tatsache, dass du dein Leben in genau diesem Augenblick zum Besseren veränderst.
- Die Tatsache, dass du dein Wohnviertel dadurch, dass du jeden Morgen fröhlich, fit und bei bester Gesundheit joggen gehst, zu einem lebenswerteren Ort machst.
- Die Tatsache, dass du alle in deiner Umgebung beflügelst, weil du ihnen durch das schlagartige Ende deiner Begeisterung für Erdnussflips und deinem Einsatz für deine Gesundheit vor Augen führst, dass auch sie positive Veränderungen herbeiführen können.

Es liegt in unserer Macht und unserer Hand, zu genau dem Menschen zu werden, der wir sein wollen – damit hat uns das Universum ein ziemlich sagenhaftes Geburtsgeschenk gemacht, wenn du mich fragst. Übe dich darin, Dankbarkeit dafür zu empfinden, dass du bewusste Entscheidungen treffen kannst, dass du zeitweilige Misserfolge erlebt hast und daraus lernen durftest.

Sei dankbar für deinen Geist, deinen Körper und deine Seele und für den Menschen, zu dem du gerade wirst. Mach dir dieses Gefühl der Dankbarkeit zunutze, um motiviert zu bleiben und gegen die Langeweile anzukämpfen, damit du deine neue Gewohnheit erfolgreich in deinem täglichen Tun verankerst.

Sag jetzt dein Mantra auf. Sprich es laut aus, trage es dir vor, den ganzen Tag lang immer wieder. Spüre es, liebe es, glaube daran, schwelge in ihm, werde eins mit ihm, wiederhole es ein ums andere Mal. Sag es direkt vor dem Einschlafen und gleich nach dem Aufwachen auf.

Tag 18
Dein Geschenk an die Welt

Ich schreibe dieses Buch, während überall auf der Welt das Coronavirus wütet. Schreibe verbarrikadiert in meinem Haus und ohne zu wissen, was für ein Leben uns alle auf der anderen Seite der Pandemie erwartet. Meine Stimmung schwankt extrem: Mal schlägt mir die Situation auf den Magen, mal verspüre ich Dankbarkeit, mal bin ich fokussiert, mal fühle ich mich zutiefst menschlich (ich werde gleich erklären, was das für mich bedeutet), mal verkrieche ich mich unter dem Schreibtisch, mal bekomme ich Panik, dann fühle ich mich wieder menschlich, mal überwiegt die Wut, mal schwebe ich in einer Seifenblase durch das All, mal fühle ich mich fest entschlossen, mal am Boden zerstört, dann wieder durch und durch menschlich. Ja, wir durchlaufen alle täglich eine Vielzahl von Gefühlen, aber gerade erleben wir alles wie unter einem Brennglas, und bei mir steht – stärker als je zuvor – das Gefühl im Mittelpunkt, ein Mensch zu sein: sterblich, sich seiner selbst bewusst, Teil der Familie namens Menschheit und des kollektiven Bewusstseins. Zum ersten Mal in meinem Leben sind alle Menschen auf Erden im Kampf gegen einen gemeinsamen Feind vereint (auch wenn ihnen zugegebenermaßen extrem unterschiedliche Mittel zur Verfügung stehen). Und die Gefahr, alles zu verlieren – vom Lebensunterhalt bis hin zum Leben selbst – reduziert unsere Existenz auf die einzigartige Gelegenheit, zusammenzuarbeiten, einander zu trösten, zu beschützen und zu helfen, wo immer es geht.

Unsere aktuelle Situation erinnert mich an die Zeit, als ich in Los Angeles lebte, wo immer mal wieder die Erde bebte. Der Planet riss uns buchstäblich aus dem Schlaf, rüttelte uns wach und führte uns vor Augen, wie kostbar unser Leben ist, wie wenig Gewissheit es gibt und wie viele Dinge wir für selbstverständlich halten, obwohl wir eigentlich dankbar für sie sein müssten. Sobald das Beben vorbei war, kamen alle noch leicht benommen (und meist in Bademänteln) aus ihren Häusern und versammelten sich auf der Straße. Ich traf Nachbarn, die ich noch nicht kannte, umarmte Fremde und unterhielt mich mit allen und jedem, als wären wir als Kinder zusammen ins Ferienlager gefahren. Einfach weil die Realität auf gewisse Weise ausgesetzt war: In diesen Augenblicken überstrahlten das Wohlergehen aller, ein Gefühl von Verbundenheit und tiefe Dankbarkeit das übliche Rauschen aus Alltagssorgen, kleinlichen Egoismen und gesellschaftlichen Barrieren.

Eben diese Konzentration auf das, was wirklich wichtig ist, diesen besonderen Zustand segensreicher Wertschätzung für uns selbst und die Gewohnheit, die nun in unserem Fokus steht, möchte ich dir heute vermitteln. Es mag auf den ersten Blick hochtrabend wirken, dem Vorhaben, regelmäßig jeden Morgen das Bett zu machen, einen derart tiefen Sinn zuzuschreiben. Doch dein dahinterstehendes Streben, an dir zu arbeiten, deine Lebensrealität gezielt zu verändern und dir deine Herzenswünsche zu erfüllen, reicht weit über fluffig aufgeschüttelte Kissen und fachmännisch ausgerichtete Bügelkanten hinaus.

Geh kurz in dich und überlege, auf wie viele Leben es sich auswirkt, wenn du zu einer besseren Version deiner selbst wirst. Obwohl du nicht darüber bestimmst, wie andere dich sehen und wie sie handeln, liegt es doch in deiner Hand, was für ein Bild du abgibst und ob du ihnen zeigst, dass auch sie sich ein hammermäßiges Leben erschaffen können. Welch eine Botschaft sendest du als Nichtraucher bzw. als Raucher an die Welt? Mach dir bewusst, dass du deinen Freunden und Familienmitgliedern die Macht des menschlichen Geistes beweist und wie sehr sie sich darüber freuen, nicht mehr dem Gestank und den krebserregenden Stoffen ausgesetzt zu sein. Führe dir vor Augen, wie viel dynamischer du einen Raum betrittst, wenn du fit bist, dich gesund ernährst und deinen Wunder wirkenden Körper zu schätzen weißt, als wenn du kraftlos bist, keine Rücksicht auf dich selbst nimmst und deinen Körper wie eine Mülltonne behandelst. Denk darüber nach, welche Lehren deine Kinder daraus ziehen, wenn du dich aus der Gewohnheit der Mittellosigkeit löst und jemand wirst, der in Geld schwimmt.

Studien haben ergeben, dass Menschen deutlich mehr Zufriedenheit dabei empfinden, Geschenke zu machen, als welche zu erhalten: Heute möchte ich dich dazu bringen, deine naturgegebene Großzügigkeit dazu einzusetzen, deine Gewohnheit weiter zu verankern und auf Kurs zu bleiben. Mach dir heute den ganzen Tag über bewusst, was für ein Geschenk du der Welt rund um dich herum machst, indem du zur besten Version deiner selbst wirst.

- **Führe dir vor Augen, dass jede deiner Handlungen ein Regentropfen im Ozean ist – egal, wie winzig sie scheinen mag, hat sie doch Auswirkungen auf das Ganze.** Schreibe auf, wessen Leben die von dir vorgenommenen Veränderungen positiv beeinflussen und auf welche Weise. Schau dabei nicht nur auf die Menschen in deinem direkten Umfeld, sondern überlege, wer im weiteren Sinne betroffen sein könnte – Follower in den sozialen Medien, Fremde auf der Straße, die Menschheit insgesamt.

- **Denk heute den ganzen Tag lang daran, wie es sich anfühlt, andere zu beschenken, sie zu inspirieren und ihnen als Vorbild zu dienen:** ***Wenn eine Latte-macchiato-Süchtige wie ich erfolgreich auf Koffein verzichten kann, kannst du alles schaffen.*** Halte inne, atme tief durch und besinne dich auf die Dankbarkeit, die du verspürst, wenn du daran denkst, wer du bist und wie viele Talente du dein Eigen nennst, unter anderem die Fähigkeit, deinen Mitmenschen einen motivierenden Tritt in den Hintern zu verpassen.
- **Gehe deine neue Gewohnheit heute in dem Wissen an, dass das Universum durch dich hindurch wirkt.** Denke immer daran, dass dir deine Wünsche eingegeben wurden, da du in deiner Zeit hier auf Erden eine spannende Aufgabe zu erfüllen hast. Mach dir bewusst, dass du, wenn du deine Ausreden in die Wüste schickst und dich mit aller Macht auf deine neue Gewohnheit konzentrierst, eine Fackel entzündest, in deren Licht auch andere ihr wahres Ich erkennen können.

Sag jetzt dein Mantra auf. Sprich es laut aus, trage es dir vor, den ganzen Tag lang immer wieder. Spüre es, liebe es, glaube daran, schwelge in ihm, werde eins mit ihm, wiederhole es ein ums andere Mal. Sag es direkt vor dem Einschlafen und gleich nach dem Aufwachen auf.

Tag 19
Bleib standhaft

Jede Veränderung, die den Aufwand wert ist, stellt eine Herausforderung dar, weil wir den Sprung ins Ungewisse wagen müssen. *Wer nichts wagt, der nichts gewinnt* und so. Es ist ein bisschen wie damals, als ich im Verlauf einiger weniger Schuljahre zu meiner vollen Körpergröße von 1,86 Meter heranwuchs: Wie oft wachte ich nachts schreiend vor Schmerzen und mit üblen Wadenkrämpfen auf, wickelte mich eilig aus meiner Decke und sprang aus dem Bett, um meinen Fuß gegen die Wand zu stemmen und den Muskel zu dehnen. Sobald ich ausgewachsen war, waren die Schmerzen von heute auf morgen verschwunden, und meine neue Größe gehörte von nun an ganz einfach zu mir. Ich denke gar nicht mehr über sie nach – außer natürlich wenn jemand einen Kommentar darüber macht, wie riesig ich sei (jeden Tag), wenn ich bei einem Konzert neben einer kleineren Freundin stehe, die nur Nacken und Rücken sieht, und wenn ich mich an die fast unlösbare Aufgabe mache, eine Hose zu finden, die lang genug für mich ist.

Irgendwann wird auch deine neue Gewohnheit zur Normalität werden. Dann läuft sie ganz automatisch ab und ist nichts als ein weiterer bewundernswerter Teil deiner Persönlichkeit. Doch dafür musst du auch in schwierigen Phasen am Ball bleiben, und darum soll es heute gehen. Wenn berühmte Menschen gefragt werden, was ihr Erfolgsrezept sei, lautet die Antwort in den meisten Fällen »Durchhaltevermögen«. Sie schreiben ihren Triumph ihrer Fähigkeit zu, jede Hürde zu nehmen, den längsten Atem zu haben, wieder von vorn anzufangen, wenn alles in sich zusammenbricht, nicht auf die Pessimisten zu hören und niemals aufzugeben, egal, wie anstrengend, langweilig oder demütigend sich der Weg zum Ziel auch gestalten mag.

Der Erfolg gehört den Sturköpfigen.

Hier sind einige der besten Methoden, um möglichst gekonnt auf stur zu schalten:

1. **Stell dich auf das Unbehagen ein und nimm ihm so die Macht.** Veränderungen machen uns Menschen grundsätzlich zu schaffen, was ziemlich ungünstig ist, wenn man in Betracht zieht, dass die einzige Konstante in unserem Leben darin besteht, dass sich immer alles verändert. Wenn du nichts gegen den Wandel ausrichten kannst – und so ist es nun einmal –, ist es am besten, dich auf ihn einzulassen, ihn mit offenen Armen zu empfangen und dich nicht von ihm in den Wahnsinn treiben zu lassen. Eine neue Angewohnheit geht immer mit der Veränderung einer alten Verhaltensweise einher. Also bereite dich darauf vor, indem du den hochkochenden Emotionen unaufgeregt entgegensiehst. Anstatt halb durchzudrehen: *Oh, offenbar ist mein Verlangen nach einem Cocktail so groß, dass ich am liebsten aus der*

Haut fahren würde, denk lieber: *Ich warte einfach, bis das Gefühl vorüber ist, statt allen mitzuteilen, wie sehr ich diesen Drink will und wie schwer es mir gerade fällt, der Versuchung zu widerstehen.* Noch ein Beispiel: *Oh, ich bin also noch zehn Liegestütze von meinem täglichen Trainingsziel entfernt.* Die bessere Alternative: *Am liebsten würde ich laut schreien, aber ich mache einfach weiter, dann ist die Sache in zwei Minuten erledigt.* Oder: *Oh, ich stehe kurz vor dem Nervenzusammenbruch, weil ich jetzt schon seit zehn Minuten hier sitze und schreibe, mein Text aber mit jedem Wort immer schlimmer wird.* Vorschlag: *Ich schreibe einfach weiter, statt in Finsternis und Selbsthass zu versinken – irgendwann werde ich schon eine geniale Idee haben.*

Ohne Publikum fällt jedes Drama in sich zusammen.

Begegne dem Gefühlschaos mit Ruhe und Gelassenheit, dann verliert es jede Macht über dich.

2. **Übe dich in Geduld.** Als ich vor Ewigkeiten einmal in Indien war, sah ich in einem Restaurant ein Schild, das ich nie vergessen werde: DENKE IMMER AN DIE DREI TS: THINGS TAKE TIME – DINGE BRAUCHEN ZEIT. Außerdem erinnere ich mich noch daran, wie ich

in Udaipur fünf Stunden auf einen Zug wartete, acht Stunden lang im Bus von Delhi nach Agra saß, obwohl die Fahrt offiziell nur zwei Stunden dauern sollte, und zwei Tage lang in einer Behörde in Delhi herumhing, als ich ein Ersatzvisum brauchte, weil ich meinen Pass verloren hatte. Es stimmte, die Dinge brauchten Zeit. Aber da ich mich so sehr freute, dort zu sein, alles neu für mich war und ab und zu ein Elefant vorbeilief, fiel es mir relativ leicht, meine Ungeduld im Zaum zu halten und jeden Augenblick zu genießen. *Ich bin in Indien! Wie cool ist das denn bitte?*

Wir haben immer die Möglichkeit, uns für Geduld zu entscheiden. Selbst wenn wir mehr als 20 Minuten lang darauf warten müssen, dass unser Partner endlich aufhört zu telefonieren, damit wir essen gehen können, können wir uns bewusst zur Nachsicht aufrufen und uns sagen: *Er kommuniziert gerade mittels Handywellen – oder wie auch immer das heißt – mit jemandem am anderen Ende des Landes. Über unsichtbare Wellen, die unsere Stimmen durch die ganze Welt tragen. Ein Wunder der Technik!*

Geduld ist etwas, wofür wir uns entscheiden können.

Heute möchte ich, dass du übst, dich auf die Feinheiten zu konzentrieren, auf die vielen kleinen Wunder des Augenblicks, statt darauf, wie unerträglich lange es dauert, bis die Pfunde endlich verschwinden, wie langweilig es ist, das Haus sauber und aufgeräumt zu halten, oder wie nervig es ist, dir jede Woche einen Überblick über deine Finanzen zu verschaffen. Achte stattdessen darauf, wie dein Hirn die Liste der französischen Vokabeln abspeichert, die du gerade auswendig lernst, und staune darüber, dass du dir eine ganz neue Sprache aneignen kannst. Mach dir bewusst, wie viel besser es dir geht und wie rein deine Haut ist, seit du auf deine Ernährung achtest. Spüre, wie fest deine Pobacken geworden sind, seit du statt des Aufzugs immer die Treppe nimmst. Jeder Augenblick bietet unzählige Dinge, für die wir dankbar sein können. Übe dich darin, diese Aspekte zu sehen und dich daran zu erfreuen, statt dich innerlich vor Ungeduld zu winden, weil deine Aufmerksamkeit auf das gerichtet ist, was dich stört.

Bitte achte heute auch darauf, wenn du Formulierungen benutzt, die auf Ungeduld schließen lassen. Hör auf, ständig zu erklären, dass du es satthättest, nicht feiern gehen zu können, dass du dich lieber erschießen lassen würdest, als noch einmal zum Yoga zu gehen, oder dass es Ewigkeiten dauert, bis deine Homepage endlich online ist. Hüte dich andererseits auch davor, zu siegessicher zu sein und dadurch Gefahr zu laufen, einen harten Rückschlag zu erleiden. Richte deine

Aufmerksamkeit ganz auf die Gegenwart, indem du deine Gedanken, Handlungen und Worte Dankbarkeit für das ausdrücken lässt, was *IST*.
Ein letzter Tipp für angehende Geduldsmeister: Denk an deine Atmung. Atme tief durch, entspanne dich und mach dich ganz locker. Gewohnheiten brauchen Zeit. Entscheide dich bewusst dafür, deinen Weg zu genießen.

3. **Suche dir ein Werkzeug.** Wir Menschen sind berühmt für unsere Vorliebe für Werkzeuge. Heute also lautet mein Auftrag an dich, nach etwas Ausschau zu halten, das ein anderer genialer Erdling und Gewohnheitsguru erfunden hat, um uns allen das Leben zu erleichtern und uns auf Kurs zu halten. Hast du beispielsweise schon einmal ein Fitness-Armband ausprobiert, um die Anzahl deiner Schritte zu kontrollieren, wenn deine neue Gewohnheit darin besteht, öfter zu Fuß zu gehen? Hast du in Erwägung gezogen, dass es dir helfen könnte, dich den Weight Watchers anzuschließen, an einem Onlinekurs für Unternehmensgründer teilzunehmen, ein Zen-Zentrum aufzusuchen oder einer Wandergruppe beizutreten? Wie sieht es mit Apps aus? Es gibt Apps für wirklich alles – Sport-Apps, Meditations-Apps, Durchhalte-Apps, Kalorienzähl-Apps, Apps zum richtigen Atmen, Apps, die deinen Schlaf überwachen … Finde heraus, ob etwas für dich dabei ist, und lade dir das entsprechende Techniktool herunter.

Die Chancen stehen extrem gut, dass du nicht der erste Mensch auf Erden bist, der sich die von dir gewählte Gewohnheit aneignen will.

Genieß das Gemeinschaftsgefühl, das sich aus dem Wissen ergibt, dass andere den gleichen Weg vor dir gegangen sind und so mancher Mensch jetzt gerade denselben Kampf ausficht wie du.

Sei dankbar dafür, dass einer deiner Vorgänger bereits auf die gleichen Schwierigkeiten gestoßen ist wie du und vielleicht eine Lösung dafür gefunden hat, wie sich diese Hürde leichter bewältigen lässt. Nimm dir ruhig Zeit, um herauszufinden, welche Werkzeuge bereits vorhanden sind, statt das Rad neu zu erfinden oder es dir unnötig schwer zu machen. Du bist nicht allein, und Unterstützung kann von allen Seiten kommen.

4. **Überarbeite die Rahmenbedingungen.** Kehre noch einmal zur Übung von Tag 2 zurück und überlege, ob dir noch etwas einfällt, wie du der Gewohnheit den Zutritt zu deinem Leben erleichtern oder erschweren kannst (je nachdem, ob du dir etwas aneignen oder etwas abtrainieren willst). Gib dir alle

Mühe, zumindest einen neuen Aspekt zu finden, da eine freie Bahn bzw. Hindernisse zu den wirksamsten aller Instrumente zählen, sobald es um Gewohnheiten geht. Wie wäre es, dich beispielsweise mit jemand anderem zum täglichen Erfahrungsaustausch zu verabreden, deine Social-Media-Apps zu löschen oder die Kaffeemaschine auf deinen Schreibtisch zu stellen, um dich nicht von deinem Vorhaben ablenken zu lassen? Bitte überlege dir eine neue Methode, um dem Erfolg Tür und Tor zu öffnen, und setze sie um.

5. **Mach dir den Kampf zum Freund.** Das Universum hat dir den Wunsch eingepflanzt, zu dem Menschen zu werden, zu dem du jetzt wirst, hat dir die Mittel an die Hand gegeben, dir diesen Wunsch auch zu erfüllen, und dir einige sehr kreative Hindernisse in den Weg gestellt, damit du an ihnen wächst, etwas lernst – und einfach auch, weil es auf diese Weise interessanter ist. Bemühe dich, für jede Versuchung, jeden Rückschlag und jede kleine Schwäche dankbar zu sein, indem du dir klarmachst, dass diese Dinge dich voranbringen. Vertraue darauf, dass alles einen Grund hat, überlege dir, welche Lehre du aus der Erfahrung ziehen kannst, und freue dich über die Gelegenheit, über dich hinauszuwachsen, statt wütend oder frustriert zu sein oder in Selbstmitleid zu versinken.

   Du musst nicht in Begeisterungsstürme darüber ausbrechen, 60 Bahnen schwimmen, noch eine Möhre knabbern oder an der Bar einen alkoholfreien Drink bestellen zu dürfen, solltest dich aber auch nicht darüber beklagen. Unsere Entscheidungen machen uns zu dem, der wir sind, und wenn du ein Mensch mit herausragender Willenskraft sein möchtest, ist es hilfreich, bewusst auf die Vorteile und Nutzen einer Situation zu schauen, anstatt sämtliche Hindernisse immer nur als Stimmungskiller zu betrachten.

Sag jetzt dein Mantra auf. Sprich es laut aus, trage es dir vor, den ganzen Tag lang immer wieder. Spüre es, liebe es, glaube daran, schwelge in ihm, werde eins mit ihm, wiederhole es ein ums andere Mal. Sag es direkt vor dem Einschlafen und gleich nach dem Aufwachen auf.

Tag 20
Lass los

Vor nicht allzu langer Zeit erzählte mir eine ehemalige Klientin, Carla, eine tolle Geschichte: Sie hatte nicht nur versucht, ihr Buch bei einem Verlag unterzubringen und als selbstständige Chiropraktikerin Fuß zu fassen, sondern war gleichzeitig auch als Mutter extrem gefordert. Ihre Tochter war gerade im Teenageralter und stets antriebslos und einsilbig. Sie wollte immer nur auf dem Handy herumdaddeln, mit ihren Freunden chatten und schlafen. Carla versuchte alles Mögliche, um ihre Tochter zu motivieren: Sie führte unzählige Gespräche mit ihr, schickte sie zu Therapeuten und in Naturferienlager, las einschlägige Artikel, kassierte das Handy ein, gab es zurück, schrie, weinte, flehte, forderte und entdeckte mehr graue Haare auf ihrem Kopf, als in ihrem Alter zu erwarten gewesen wären. Die Sorgen und der Frust nagten an ihr, und so vergingen Jahre, bis Carla es eines Tages aufgab, ihre Tochter auf ein strenges Internat schickte und einfach das Beste hoffte.

Ich bin nun wirklich keine Expertin für Kinderpsychologie, aber ich weiß, dass wir als Eltern nicht immer nur für unsere Kinder da sein und alles für sie tun müssen, sondern auch hin und wieder kapitulieren, die Zügel schleifen lassen und dem Universum den Raum verschaffen müssen, uns das zu geben, worum wir bitten.

Ist es dir je passiert, dass du unbedingt mit jemandem zusammen sein wolltest, den du wahnsinnig attraktiv fandest, dass du gern schwanger werden wolltest, um jeden Preis in einem bestimmten Podcast zu Gast sein oder einen speziellen

Job haben wolltest, es dir aber trotz aller Versuche einfach nicht gelungen ist? Bis du die Bemühungen schließlich einfach eingestellt hast, woraufhin dich der Typ, der dich bisher keines Blickes gewürdigt hatte, plötzlich zum Essen einlud, der Schwangerschaftstest auf einmal positiv war oder du einen Anruf der Podcast-Produzentin erhieltst? Wenn wir vehement auf etwas hinarbeiten, das uns wichtig ist, verrennen wir uns (wenn wir nicht aufpassen) irgendwann in die Überzeugung, dass es zu lange dauert, nicht klappt und vielleicht niemals eintreffen wird. Sobald wir aber die Waffen strecken, lösen wir uns von der negativen Energie dieser Gedanken: Das muss man sich ungefähr so vorstellen, als würden wir gerade einen elektrischen Schlag bekommen, bis jemand mit einem Kantholz dazwischengeht und uns von der gefährlichen Stromquelle trennt. Wir befreien uns also aus dem Klammergriff von Verzweiflung, Vorbehalten und Enttäuschung, sodass sich uns eine ganz neue Welt eröffnen kann.

Carla erzählte mir, dass ihre Tochter auf der neuen Schule nicht nur gute Noten erhielt, neue Bekanntschaften schloss und im Grunde wieder zurück ins Leben fand, sondern dass auch ihr eigenes Berufsleben auf einmal aufblühte. Es sei fast schon unheimlich gewesen, meinte sie: Sobald sie ihre Tochter im Internet untergebracht und damit das Bedürfnis aufgegeben hatte, deren Leben zu kontrollieren, waren beide frei. Carla gewann plötzlich ganz unerwartet neue Kundschaft hinzu, verdiente ohne große Mühe eine Menge Geld und brachte ihr Buch, für das sie ein Jahr lang kontinuierlich und vergeblich einen Herausgeber gesucht hatte, bei einem Verlag unter, wo man nicht nur sehr viel von ihrem Schreibstil hielt, sondern auch auf genau die Art von Büchern spezialisiert war, die Carla schrieb. Außerdem verbesserte sich das Verhältnis zu ihrer Tochter enorm – der Abstand verschaffte beiden den dringend notwendigen Freiraum, um sich einander wieder anzunähern. Heute ergraut Carla wieder im ganz normalen Tempo.

Steh dir nicht selbst im Weg, sondern finde in den Fluss.

Heute möchte ich, dass du sämtliche Zweifel und Anwandlungen von Frust und Ungeduld, die du in Bezug auf deine Gewohnheit verspürst, durch Leichtigkeit, Freude und Vertrauen in das Universum ersetzt. Wenn wir unseren Fokus auf etwas richten, erschaffen wir mehr davon, und deshalb sollst du dich heute ganz darauf konzentrieren, dass du dich gar nicht mehr auf deine Gewohnheit konzentrieren musst, weil sie ja schon ein selbstverständlicher Teil deiner Persönlichkeit ist. Wage den Drahtseilakt, zu handeln, ohne auf das Ergebnis zu schauen, indem du:

1. **So tust, als ob:** Wie du dich so verhältst, als wärest du bereits der Mensch, der du in Zukunft sein wirst, war bereits Thema. Heute aber bitte ich dich, diese Einstellung beim Durchführen deiner Gewohnheit (oder beim Bleibenlassen deiner Ex-Gewohnheit) zu

praktizieren. Denke beim Abspulen deiner Gewohnheit möglichst wenig darüber nach, was du da gerade tust. Handle ganz nach dem Motto: *Was, das da? Das mache ich doch immer.* Ignoriere den Faktor des Neuen und noch Ungewohnten. Gehe einfach davon aus, dass du dich natürlicherweise so verhältst, wie du es möchtest, denn so ein Mensch BIST du ja nun einmal.

2. **Dich dankbar zeigst.** Sei dankbar dafür, dass du bereits der Mensch bist, der du zu sein anstrebst, dass diese Gewohnheit ein Teil von dir ist, dass du mühelos das Leben lebst, das du dir ausgemalt hast, dass alles, was du dir erträumt hast, dir jetzt zufliegt. Der Modus der Dankbarkeit ist eine der wirksamsten Methoden, um sich dem Geschehen zu fügen, weil wir unmöglich gleichzeitig dankbar und verzweifelt sein können. Dankbarkeit verankert uns im Hier und Jetzt und verhindert, dass wir über frühere Misserfolge urteilen oder Angst vor zukünftigem Versagen haben. Dankbarkeit erlaubt uns im Grunde, uns entspannt zurückzulehnen, zur Ruhe zu kommen und endlich das anzunehmen, worauf wir hingearbeitet haben.

3. **Dich darin übst, zu vertrauen und loszulassen.** Sich dem Geschehen zu fügen und alles kontrollieren zu wollen, sind gegensätzliche Formen der gleichen Energie. Kontrolle bedeutet Widerstand. Sich fügen bedeutet Akzeptanz. Wer alles kontrollieren will, glaubt, es selbst am besten zu wissen. Wer sich fügt,

vertraut darauf, dass das Universum durch uns hindurch wirkt. Kontrolle heißt Angst. Sich fügen heißt glauben. Wenn wir mit aller Macht um das kämpfen, was wir uns wünschen, mit geballten Fäusten, weiter und immer weiter, bis zur Erschöpfung, laufen wir Gefahr, die Verbindung zu unseren innersten Wünschen zu verlieren und stattdessen nur noch Angst und Mangel zu spüren. Wenn wir uns gegen etwas sträuben, stärken wir es nur: Wenn wir uns verbieten, auszuschlafen, einen großen Teller Käsemakkaroni zu essen oder die ganze Staffel der Serie am Stück zu schauen, richten wir unsere Aufmerksamkeit auf das, was wir nicht wollen beziehungsweise nicht haben können statt auf das, worum es uns eigentlich geht. Loszulassen ermöglicht uns, die Angst abzuschütteln, uns zu öffnen und die unendlichen Möglichkeiten zu sehen. Auch das ist ein Drahtseilakt, weil wir unsere Ziele nur dann erreichen können, wenn wir konzentriert darauf hinarbeiten, unsere Geisteshaltung dabei aber gleichzeitig frei, vertrauensvoll und von freudiger Erwartung geprägt sein sollte.

Achte heute beim Durchführen deiner Gewohnheit darauf, ob du Angst vor dem Scheitern verspürst, die Sorge, Fehler der Vergangenheit zu wiederholen, oder Frust darüber, dass alles zu lange dauert, und verlagere deinen Fokus dann bewusst auf hilfreichere Aspekte wie den bisherigen Fortschritt, deine beeindruckende Fähigkeit, dich zu verändern, und das gewaltige Geschenk, das dein Leben ist.

4. **Meditierst.** Jep, auch in diesem Fall stellt das gute alte »Hinsetzen und die Klappe halten« den Weg zum Erfolg dar. Schon fünf Minuten Meditation am Tag können dir Zugang zu innerem Frieden und Kraft verschaffen, auf die du immer zurückgreifen kannst (statt dich weiter in Ablenkungen und Ängsten zu verfangen). Schließe die Augen, schieb die Gedanken, die dir gerade durch den Kopf gehen, sanft beiseite und lass das Universum walten.

Sag jetzt dein Mantra auf. Sprich es laut aus, trage es dir vor, den ganzen Tag lang immer wieder. Spüre es, liebe es, glaube daran, schwelge in ihm, werde eins mit ihm, wiederhole es ein ums andere Mal. Sag es direkt vor dem Einschlafen und gleich nach dem Aufwachen auf.

Tag 21
Rückblick, Jubel, Neuanfang

Ta-da! Heute ist ein Festtag. Egal, ob du die 21 Tage mit Bravour absolviert hast oder hin und wieder schwach geworden bist, wichtig ist, dass du bis hierher gekommen bist. Das darfst du ruhig feiern (ich meine es ernst!) – schnapp dir eine Flagge und lauf eine Ehrenrunde durch das Wohnzimmer, gehe essen in einem schicken Restaurant, verkünde deinen Erfolg auf allen Social-Media-Kanälen oder schicke dir selbst einen Präsentkorb. Wir sind wahre Experten darin geworden, uns für unser Scheitern fertigzumachen und angesichts eines Erfolgs nur müde zu gähnen. Aus irgendeinem Grund wird Selbstzerfleischung als eine noblere Geste angesehen, als sich zu bejubeln. Mach es dieses Mal bewusst anders. Denk daran: Bei Gewohnheiten dreht sich alles um dein Selbstbild. Also sieh dich als einen Menschen, dessen Gewohnheit darin besteht, sich seine Misserfolge zu verzeihen und seine Hammermäßigkeit zu bewundern. Schreibe auf, wie du diesen besonderen Augenblick begehen willst, und lass es krachen!

Außerdem möchte ich gern, dass du deine Notizen heute noch einmal durchgehst und eine Liste mit den Methoden erstellst, die am meisten bei dir bewirkt haben, damit du die besten Werkzeuge stets griffbreit hast: Die Wette mit jemandem, den du fürchtest, den Kalender deiner Fortschritte, das Handy, das während der Arbeitszeit einfach im Auto bleibt, oder der vereinbarte Auftritt auf dem Kreuzfahrtschiff, wo du dein noch nicht existierendes Stand-up-Programm zum Besten geben wirst. Gehe die täglichen Übungen, die dir das

Durchhalten erleichtert haben, noch einmal im Detail durch und arbeite sie ab, bis deine Gewohnheit zum Selbstläufer geworden ist. Vielleicht stellst du fest, dass du alle 21 Tage wiederholen musst, vielleicht reicht eine kleine Auswahl, oder du hast deine Gewohnheit schon so gut im Griff, dass du es ganz ohne Unterstützung wagen kannst. Wo auch immer du gerade stehst, gilt: Je klarer du dir über deine Situation bist, desto größer sind die Chancen auf Erfolg.

Als Letztes nimm dir bitte dein Mantra noch einmal vor und verpasse ihm, wenn nötig, ein Update. Du stehst jetzt nicht mehr am Anfang des Prozesses, und die Worte deines Leitsatzes, die dich damals im Innersten berührt haben, könnten jetzt, da du die neue Gewohnheit schon seit ein paar Wochen durchziehst, einen Teil ihrer Macht verloren haben. Sagen wir einmal, dein Mantra lautet: *Geld fließt mir leicht und frei zu.* Nun hast du es dank dir selbst und deiner »Ich-ziehe-das-jetzt-durch«-Haltung geschafft, dass regelmäßig eine gewisse Summe auf deinem Konto eingeht. Auch wenn du finanziell noch nicht ganz an deinem Ziel angelangt bist, hast du zumindest die lästige alte Überzeugung abgelegt, dass es dir total schwerfällt, Geld zu verdienen. Du bist jetzt ein Mensch, dem das mit einiger Leichtigkeit gelingt. Kehre zu Tag 1 zurück und spüre erneut in dein Verlangen hinein, mehr Geld zu verdienen, um zu ergründen, welche Einwände sich jetzt in dir regen, da du dich der obersten Blockade entledigt hast, die da lautet: *Es fällt mir schwer, Geld zu verdienen.*

Vielleicht erkennst du nun, da das Geld nur so fließt, dass du Angst davor hast, es könne genauso schnell wieder verschwinden oder die Quelle könne versiegen. Dann lautet dein neues Mantra möglicherweise: *Geld fließt mir konstant zu und ist immer für mich verfügbar.* Finde heraus, wo du jetzt stehst – neues Level, neuer Gegner –, und wenn dein Mantra eine Aktualisierung benötigt, mach dich an die Arbeit.

Wir alle besuchen die Schule des Lebens, und du willst bei deiner einzigen Chance, wirklich du selbst zu sein, eine Eins auf dem Zeugnis stehen haben, statt in der Raucherecke abzuhängen und dir einzureden, eine Zwei oder eine Drei plus wäre auch völlig okay. Das ist etwas, das es sich zu feiern lohnt.

Bitte sag jetzt dein Mantra auf. Sprich es laut aus, trage es dir vor, den ganzen Tag lang immer wieder. Spüre es, liebe es, glaube daran, schwelge in ihm, werde eins mit ihm, wiederhole es ein ums andere Mal. Sag es direkt vor dem Einschlafen und gleich nach dem Aufwachen auf.

Hat es sich zur Gewohnheit gemacht, sich Ziele zu setzen: Lisa (36)

Ich bin immer davon ausgegangen, dass große Lebensziele etwas für ehrgeizige und organisierte Menschen sind, und so bin ich einfach nicht. Ich wollte mir nicht selbst vorschreiben, innerhalb der nächsten fünf Jahre ein Kind bekommen oder innerhalb von zwei Jahren Gott weiß was für eine Karriere machen zu müssen. Aber dann fand ich mich in einer Beziehung wieder, die mir nicht guttat, aus der ich aber nicht herauskam, weil ich zu der Zeit bei einer gemeinnützigen Organisation arbeitete und nicht genügend Geld hatte, um auszuziehen. Also musste ich mich dringend damit auseinandersetzen, wie ich mich schützen und meine Situation verändern konnte. Mir wurde klar: *Mist, ich muss mir ein paar Ziele setzen.*

Mir war gar nicht bewusst gewesen, dass ich mir angewöhnt hatte, die Dinge so zu nehmen, wie sie kamen. Ich hatte die Augen davor verschlossen, dass ich keinerlei Kontrolle über mein Leben hatte. Ich wollte mich meinen Problemen nicht stellen und keine Verantwortung für mich übernehmen, und so geriet ich immer wieder in unangenehme Situationen, die mich ganz und gar nicht glücklich machten. Nun beschloss ich, mir Ziele zu setzen und mir anzugewöhnen, bewusste, kluge Lebensentscheidungen zu treffen, statt jede Herausforderung zu meiden und zu hoffen, dass irgendwie schon alles aufgehen würde.

Mein erstes Ziel bestand darin, eine Fortbildung zur Immobilienmaklerin zu machen und die Prüfung zu bestehen – geschafft. Dann schwor ich mir, diesen neuen Beruf ein Jahr lang auszuprobieren, um zu schauen, ob er mir gefiel. Ich blieb fokussiert und geduldig und ging die Sache ganz langsam an. Es ist nicht leicht, einen ganz neuen Lebensweg einzuschlagen … es ist unbequem und mühselig, aber das ist es wert, ODER?! Die größte Veränderung, die ich vornahm, betraf meine innere Einstellung. Ich bin die schlimmste Zynikerin, die ich kenne, aber ich biss die Zähne zusammen und erstellte ein Vision-Board. Wirklich wahr. Ich schnitt kleine Bilder von Dingen aus, die ich mir für meine Zukunft wünschte, etwa von der Pizza, die ich auf meiner Italien-Reise essen wollte, und dem Haus, in dem ich gern wohnen würde, und klebte sie auf ein Stück Karton – und diese Dinge wurden tatsächlich wahr! Ich beschloss, dass ich neuen Denkweisen gegenüber ruhig offener sein konnte, dass ich Schwäche zeigen und um Hilfe bitten konnte, dass ich sogar in der Lage wäre, inmitten eines Haufens Fremder laut: ICH BIN BEREIT zu brüllen, wenn das nötig war. Ich tat, was zu tun war.

**Meist verursacht das,
was dir am heftigsten widerstrebt,
die größten Veränderungen in deinem Leben.**

Ich legte fest, wie viel Geld ich verdienen wollte, setzte es mir zum Ziel, mindestens ein Haus pro Monat zu verkaufen, eine private Rentenversicherung abzuschließen, mir selbst ein Haus zu kaufen, zu reisen und mehr Geld für wohltätige Zwecke zu spenden. Ich fing an zu meditieren und positive Energie aufzusaugen, um meine Ziele zu erreichen. Ich formulierte sie klar und deutlich und verabschiedete mich von dem Gedanken, dass Geld böse ist. Ich spendete mehr. Das alles hatte große Auswirkungen auf mein Selbstwertgefühl, und ich war in der Lage, meine Beziehung zu beenden und mir den nötigen Freiraum zu verschaffen, um mich zu entfalten.

Heute bin ich erfolgreicher, als ich es mir anfangs zum Ziel gesetzt hatte. Ich liebe meinen Job, habe mein ursprüngliches Ziel verdoppelt und verkaufe jetzt mindestens zwei Häuser pro Monat. Vor Kurzem habe ich die Lizenz erlangt, ein eigenes Unternehmen zu gründen, und jetzt setze ich mir ständig neue Ziele. Große Ziele. Verliere niemals den Glauben an dich selbst. Und cut – Abspannmelodie.

Kapitel 5

Vom Wagnis, du selbst zu sein

Ich erinnere mich noch daran, wie ich mit Mitte 20 einmal zusammen mit meinem damaligen Freund in meiner Wohnung in Manhattan saß und eine riesige Schüssel mit Fotos durchsah, die damals bei mir auf dem Wohnzimmertisch stand. Es waren ein paar Hundert Bilder aus verschiedenen Abschnitten meines Lebens darin, und während wir unser Bier tranken und uns durch die Stapel blätterten, war ich eigentlich mit etwas ganz anderem beschäftigt: Ich versuchte, jedes Bild, auf dem ich sexy oder cool und weltgewandt aussah, »zufällig« nach ganz oben zu legen, damit mein Freund es auf jeden Fall sah. Zu meiner Verdrossenheit wühlte er aber immer wieder ganz unten in der Schüssel, ohne meine Favoriten auch nur eines Blickes zu würdigen, und zog letztendlich ein Bild hervor, auf dem ich ungefähr 16 war und mit langen, zerzausten Haaren, dürren Ärmchen, flach wie ein Brett und in einem blauen T-Shirt mit der Aufschrift TO A TENNISPLAYER, LOVE MEANS NOTHING vor dem Haus einer Freundin stand. Ich hielt eine Tüte Doritos in der Hand, und mein breites Käse-Nacho-Grinsen ging gerade in einen akuten Lachanfall über.

Ich versuchte erneut, meinem Freund unauffällig ein Foto von mir in die Hand zu drücken, auf dem ich im Minirock und mit einer E-Gitarre auf einer Bühne stand – *Du kannst dir gar nicht vorstellen, was das für ein verrückter Abend war …* –, aber er nahm das Bild, das er aus der Schüssel gefischt hatte, nur noch näher in Augenschein.

»Was findest du an dem Bild so faszinierend?«, fragte ich ihn, dabei war es mir eigentlich egal.

»Ich weiß nicht«, meinte er, »irgendetwas daran gefällt mir. Ich glaube, es fängt dich einfach genauso ein, wie du bist.«

Der Selbstentfaltungsprozess – das Gewohnheits-Upgrade, das Verlassen der Komfortzone, die erweiterte Wahrnehmung der Realität, das ganze »Ich-bin-der-Hammer«-Ding – ist kein Wettbewerb oder eine von der Gesellschaft definierte Ziellinie, deren Überschreiten bedeutet, dass wir es endlich »geschafft« haben. Genauso wenig soll der Versuch, deine Lebensumstände zu verbessern, dazu führen, dass du deine Existenz als gescheitert betrachtest, wenn es dir nicht immer gelingt, positiv zu denken, deine Aufmerksamkeit auf glasklar formulierte Ziele zu richten oder vor lauter Glück und Selbstliebe rund um die Uhr Saltos zu schlagen (kannst du dir vorstellen, wie *wahnsinnig* uns ein solcher Mensch machen würde?). Es geht darum, dir den nötigen Raum, die Mittel, die Informationen, die Motivation und die innere Erlaubnis zu verschaffen, die authentischste Version deiner selbst zu sein.

Das bedeutet, die Menschen zu lieben, die du liebst, dich mit den Dingen zu beschäftigen, die dich interessieren, über das zu lachen, was du lustig findest, und für das zu kämpfen, was du für richtig hältst. Authentisch zu sein, bedeutet auch, dir zu erlauben, deine Meinung zu ändern, Fehler zu machen, dich idiotisch zu verhalten, um Verzeihung zu bitten und hin und wieder traurig, einsam, dämlich und faul zu sein. Ein zutiefst authentisches Leben heißt, das wahre Ich in all seinen Facetten zu akzeptieren: den Teil, der im Minirock auf der Bühne abgeht, *und* den Teil, der sich mit einer Tüte Doritos in der Hand fragt, wann zur Hölle diese Pubertät eigentlich endlich anfängt.

Betrachte die Gewohnheiten, die du dir mithilfe des im Buch beschriebenen Programms aneignest, als Möglichkeit, die kostbaren Juwelen deines authentischen Ichs zum Funkeln zu bringen. Und nicht als Weg, endlich zu einem disziplinierten – und deshalb allseits akzeptierten – Menschen zu werden.

Gute Gewohnheiten auszubilden, hat nichts damit zu tun, perfekt sein zu wollen – es geht darum, ein bisschen mehr du selbst zu sein.

Die Gewohnheit, jeden Morgen zu schreiben, beispielsweise zielt darauf ab, den innigen Wunsch umzusetzen, durch Worte Kontakt zu anderen Menschen herzustellen – durch Worte, die Teil deiner Stimme sind und den Lesern deinen besonderen und ungefilterten Blick auf die Welt vermitteln. Die Gewohnheit, sich besser zu ernähren und dadurch abzunehmen, erwächst aus dem Wunsch, sich leichter, wohler und der physischen Manifestation des einzigartigen Selbst – auch »Körper« genannt – verbundener zu fühlen. Selbst die

Gewohnheit, jeden verdammten Abend das Geschirr abzuspülen, entspringt dem inneren Streben, mehr Ordnung ins Leben zu bringen, sich selbst und seiner Umgebung eine Bedeutung beizumessen und die Welt zu einem besseren, ameisenfreien Ort zu machen.

Während du den gewohnheitsbildenden Prozess durchläufst, wirst du feststellen, dass auf der Straße zum Erfolg hin und wieder Ölspuren auftauchen: Du kuschelst dich lieber noch einmal unter die Bettdecke, als vor der Arbeit auf das Laufband zu steigen, oder stößt im Auto eine ellenlange Schimpftirade aus, obwohl du dir eigentlich geschworen hattest, kein A-Loch mehr zu sein. Die Frage ist nicht, ob du irgendwann einmal ausrutschst, sondern wie du darauf reagierst. Wichtig ist es, die Gewohnheit so schnell wie möglich wieder aufzunehmen, aber wie wäre es, wenn du die Zeit, die du normalerweise damit verbringst, dir Vorwürfe zu machen oder herumzujammern, was für ein Schwächling du doch bist, dieses Mal darauf verwendest, dir den Lapsus sofort zu verzeihen? Was, wenn du dir zusätzlich zu all den Gewohnheiten, die du ohnehin anstrebst, auch noch vornimmst, stets anzuerkennen, dass du ein Mensch bist und deshalb Schwächen hast?

Wie wäre es, wenn du dir selbst gegenüber zur Abwechslung einmal genauso nachsichtig wärst wie sonst nur anderen gegenüber?

Ich habe in dieses Buch immer wieder Geschichten von realen Menschen eingeflochten, die eine bestimmte Gewohnheit anstrebten und sich die richtige Einstellung aneigneten, um dieses Ziel mit aller Macht in Angriff zu nehmen. Und obwohl ich mich liebend gern davon inspirieren lasse, wie genau andere Menschen den Weg zum Erfolg gemeistert haben, sollten wir stets im Hinterkopf behalten, dass es im Rückblick immer leichter ist, den Kampf um oder gegen eine Gewohnheit als Erfolgsgeschichte zu betrachten und die massiven Rückschläge und die Possen, die man zwischenzeitlich so aufführt, ein Stück weit auszublenden. Die Menschen, die hier ihre Geschichten erzählen, waren nicht nur in der Lage, zurückzuschauen und zu verfolgen, wie sich ihre neuen Gewohnheiten verfestigten, sondern entdeckten dabei auch, wie einige Ereignisse und Handlungen, die sie zu der Zeit gar nicht mit der Gewohnheit in Zusammenhang gebracht hätten, letztendlich das angestrebte Verhaltensmuster verstärkten.

Während du dich noch tapfer durch den Prozess kämpfst, erkennst du vielleicht nicht, welche Tricks dir über Hindernisse hinweghelfen oder inwiefern deine neue Leidenschaft, das Anwachsen des Ameisenhügels hinter der Garage zu verfolgen, dir als Einstimmung auf das alltägliche Lernen am Schreibtisch dient. Vertraue deiner Intuition, stell Dinge, die sich gut anfühlen, nicht weiter infrage, solange sie deinem Fortschritt nicht im Weg stehen, und denke immer daran, dass allein schon der ernst gemeinte Versuch, etwas zu verändern, einen Applaus wert ist.

Wir leben in einer Gesellschaft, die von Leistung und Zielen besessen ist. Und obwohl ich die gute, alte Losung »etwas gebacken kriegen« durchaus zu schätzen weiß, kann ich es nicht ausstehen, wenn es auf Kosten unseres Selbstwertgefühls geht. Wir sollten uns dem viel zu beliebten Trend, alles mit Angst und Scham zu besetzen, entziehen und stattdessen Mitgefühl, krachende Fehlschläge und Verletzlichkeit feiern. Denk an die Menschen in deinem Leben, die du liebst. Wenn sie Großes erreichen, inspirieren sie dich, wenn sie sich ihren Ängsten stellen, bist du hin und weg, und wenn sie ihr Juraexamen bestehen, hüpfst du vor Freude im Kreis. Aber du liebst deine Leute auch dafür, dass sie es gar nicht merken, wenn sie Tomatensoße im Mundwinkel haben, dass ihnen bei der Zeugnisübergabe die Tränen über die Wangen laufen und dass sie diesen völlig überforderten Gesichtsausdruck bekommen, wenn sie ein neues Betriebssystem auf ihrem Computer installieren.

Echte zwischenmenschliche Verbundenheit tritt zutage, wenn wir schwach sind, nicht wenn wir eine Goldmedaille überreicht bekommen. Ich glaube, dass die natürliche Anziehungskraft der Verletzlichkeit auch der Grund dafür ist, warum wir den Blick nicht von Babys abwenden können. Babys sind niedlich, schon klar (die meisten zumindest, ich habe auch schon welche gesehen, die wie Schildkröten oder dicke Lkw-Fahrer aussahen). Aber ich glaube, dass sie uns vor allem deshalb in den Bann ziehen, weil sie so zerbrechlich, ausgeliefert und hilflos wirken. Der Anblick eines Babys ist quasi der direkte Zugang zur Hauptschlagader menschlicher Verletzlichkeit – und so überwältigend, dass wir es buchstäblich nicht schaffen, uns loszureißen, bis die Mutter des Kindes den Wagen eilig weiterschiebt und uns im Weggehen so eindringlich mustert, als würde sie sich unser Gesicht sicherheitshalber genau einprägen.

Wir alle tragen ein kleines, speckiges Baby in uns, das wir im Verlauf der Jahre tief in unserem Inneren verborgen hielten, um zu überleben. Und obwohl eine Welt voller Erwachsener, die ihre Verletzlichkeit und Hilflosigkeit ständig offen zur Schau stellen, auch nicht so richtig gut wäre, haben wir das Pendel zu sehr in die andere Richtung ausschlagen lassen. Wir haben es uns zur Gewohnheit gemacht, die empfindsameren Teile unserer selbst zu fürchten und uns für sie zu schämen, wodurch wir uns die Verbundenheit, innere Ruhe und Zufriedenheit versagen, nach denen es uns eigentlich verlangt.

Benutze deine Bestrebungen, dir die ersehnten Gewohnheiten anzueignen, nicht nur dazu, einfach ein Ziel erreichen zu wollen, auch wenn das schon nobel genug ist, sondern zugleich eine innigere Beziehung zu deinem authentischsten Ich herzustellen. Mach dir bewusst, dass der Weg zur Anerkennung dessen, wer du wirklich bist, über echte Selbstakzeptanz führt, in allen Lebenslagen – egal, ob du gerade deinen größten Triumph erlebst, wahnsinnig gereizt bist, einen Wutanfall hast oder besonders verletzlich bist.

Selbstliebe hat nichts damit zu tun, perfekt zu sein.

Erlaube dir, zu sein, wer du sein willst, und dasjenige zu tun oder zu haben, was dein Herz zum Singen bringt, und übe dich darin, dir deine zwischenzeitlichen Misserfolge zu verzeihen. Auch umfassende Selbstliebe ist letztendlich eine Gewohnheit – eine Gewohnheit, die die Mühe definitiv wert ist.

Dank

Mein Dank gilt all den Hammermenschen, die immer wieder bereit sind, an sich zu arbeiten. Wer sein Leben verändert, verändert zugleich auch das zahlloser anderer, und ich weiß mit absoluter Sicherheit, dass ihr alle meines verändert habt – also danke, danke, danke! Danke an alle, die ihre persönlichen Erfahrungen mit mir geteilt und mir so beim Schreiben geholfen haben – egal, ob eure Geschichten letztendlich ihren Weg ins Buch gefunden haben oder nicht. Aus Gründen der Anonymität unterlasse ich es, Namen zu nennen, aber ohne euch hätte ich es nicht geschafft und bin daher sehr froh, dass ihr euch die Zeit genommen und mir diesen enormen Gefallen getan habt. Ich danke meiner wunderbaren Lektorin, Laura Tisdel, die mir während der Entstehung meiner Bücher in guten und vor allem in schlechten Zeiten zur Seite steht. Ich glaube, dieses Mal war es so schwer wie noch nie (und hat trotzdem viel Spaß gemacht)! Ich danke meiner tollen Agentin, Alexandra Machinist, die mir immer den Rücken stärkt und dafür sorgt, dass sich Geschäftstreffen anfühlen wie ein Cocktailabend mit der besten Freundin. Danke an das Team Amazeballs: Nate Meltzer, Shannon Twomey, Lydia Hirt, Ciara Johnson, Shelby Meizlik, Brooke Halsted, Gabriel Levinson, Jason Ramirez, Jane Cavolina, Cassandra Garruzzo, Hilary Roberts und Meredith Clark. Danke an Rembert und Squiggle Block, die besten Pandemiegefährten aller Zeiten, die mir stets Gesellschaft geleistet und mich halbwegs bei Verstand gehalten haben. Danke an meine unglaubliche Bluts- und Wahlfamilie für eure Liebe und Unterstützung über all die Jahre hinweg. Ihr seid zu viele, um euch alle zu nennen, aber ich möchte einige hervorheben, die mich zu einer besseren Autorin und Rednerin gemacht haben und von denen ich mir immer wieder kluge und geistreiche Beobachtungen ausleihe (klaue?): Mom, Dad, Steve, Jill, Bob, Cynthia Greenberg, Tania Katan, Elissa Breitbard, Kim Green und Tami Abts. Außerdem gilt mein Dank Gecko, der mich – neben vielen anderen Dingen – immer wieder auf den Boden zurückholt, wenn ich mich wie wild ins Schreiben/Touren/Renovieren stürze. Danke an Shannon Waldner, der ersten wahrhaften Hexe, der ich im Leben begegnet bin.